Sammlung Metzler
Band 13

Georg Bangen

Die schriftliche Form germanistischer Arbeiten

Empfehlungen

für die Anlage und die äußere Gestaltung

wissenschaftlicher Manuskripte

unter besonderer Berücksichtigung der

Titelangaben von Schrifttum

Mit einem Geleitwort von
HANS-EGON HASS †

9., durchgesehene Auflage

J. B. Metzlersche Verlagsbuchhandlung
Stuttgart

1. Auflage 1962 (1.–4. Tsd.)
2. Auflage 1962 (5.–9. Tsd.)
3. Auflage 1964 (10.–15. Tsd.)
4. Auflage 1966 (16.–21. Tsd.)
5. Auflage 1968 (22.–30. Tsd.)
6. Auflage 1971 (31.–40. Tsd.)
7. Auflage 1975 (41.–50. Tsd.)
8. Auflage 1981 (51.–60. Tsd.)
9. Auflage 1990 (61.–70. Tsd.)

CIP-Titelaufnahme der Deutschen Bibliothek

Bangen, Georg:
Die schriftliche Form germanistischer Arbeiten:
Empfehlungen für die Anlage und die äussere Gestaltung
wissenschaftlicher Manuskripte unter besonderer
Berücksichtigung der Titelangaben von Schrifttum /
Georg Bangen. – 9., durchges. Aufl., (61.–70. Tsd.).
– Stuttgart: Metzler, 1990
(Sammlung Metzler; Bd. 13)
ISBN 3-476-19013-7
NE: GT

ISBN 3 476 19013 7
ISSN 0558 3667

SM 13

© 1962/90 J. B. Metzlersche Verlagsbuchhandlung
und Carl Ernst Poeschel Verlag GmbH in Stuttgart
Einbandgestaltung: Kurt Heger
Satz und Druck: Gulde-Druck GmbH, Tübingen
Printed in Germany

Nur zu wissen, daß es eine Schrift dieses Titels überhaupt gibt, ist für den jungen Studenten schon förderlich. Denn er wird dann nicht mehr ganz so unbefangen nach seiner Willkür verfahren, wie der Anfänger es meist tut. Er wird darauf hingewiesen, daß es bestimmte Regeln, zweckmäßige Verfahrensweisen gibt, nach denen er sich richten sollte. Dieses Bewußtsein allein bedeutet schon einen Schritt über die schlimmste Ahnungslosigkeit hinaus, die leider nicht nur in Anfängerarbeiten so oft festzustellen ist und von dem Dozenten in allen Einzelheiten nur durch einen gewiß nicht zumutbaren Aufwand an Zeit und Mühe zu korrigieren wäre.

Das Wichtigste ist natürlich, sich die erforderliche Belehrung nun auch verschaffen zu können. Bisher mußte der Anfänger selbst mühsam und oft genug ein wenig ratlos nach gültigen Mustern suchen. Denn derartige technische Fragen können – von gelegentlichen Hinweisen abgesehen – nicht Thema des akademischen Unterrichts sein. Um diese Lücke auszufüllen, stellte der Verfasser der vorliegenden Schrift zunächst für die germanistischen Tutor-Gruppen an der Freien Universität Berlin die wichtigsten und notwendigsten Regeln zusammen. Daß sie nun hier vervollständigt und für jeden zugänglich vorliegen, werden hoffentlich viele Studierende der Germanistik dankbar begrüßen; denn nicht als eine Zwangsjacke, sondern als Entlastung von zeitraubender Suche und somit als Hilfe für eine freiere Bewegung sollten diese Regeln aufgefaßt werden.

Ich finde es besonders verdienstvoll, daß der Verfasser sich so viele Probleme hat einfallen lassen, vor die sich der Anfänger gestellt sehen kann, die dem Fortgeschrittenen aber gar nicht mehr als solche bewußt sind. Diese Reichhaltigkeit der Anweisungen sowohl im scheinbar Selbstverständlichen und, wie man glauben könnte, allgemein Bekannten als auch im Entlegenen sollte nicht als skurrile und überflüssige, sondern als höchst wünschenswerte und notwendige Pedanterie angesehen werden. Man dürfte sich mit Versen Goethes dazu bekennen:

Das mach' ich mir denn zum reichen Gewinn,
Daß ich getrost ein Pedante bin.

So scheint mir dieser Band der ›Sammlung Metzler‹ sehr willkommen als nützliche Fibel für den Anfänger wie auch als bequemer gelegentlicher Ratgeber für den Fortgeschrittenen. Darüber hinaus möchte ich der Schrift aber noch den besonderen Erfolg wünschen, die Einheitlichkeit der formalen Einrichtung wissenschaftlicher Veröffentlichungen, vor allem der Literaturverzeichnisse, befördern zu helfen.

Berlin-Dahlem, im Oktober 1961

HANS-EGON HASS († 1969)

Inhalt

Vor nahezu zwanzig Jahren erschien die erste Auflage dieser Anleitung. Sie wurde von der Kritik freundlich aufgenommen[1]. Einführungen in das Studium, speziell das Studium der Literaturwissenschaft, die die angesprochenen Probleme in ihrem Zusammenhang ebenfalls behandeln, haben manche Empfehlungen der vorliegenden Schrift übernommen[2] oder empfehlen sie für Sonderprobleme der Titelangaben von Schrifttum[3]. Vor allem aber haben die Lehrkräfte sowie die Studierenden des Faches und auch benachbarter Fächer die Schrift als ein brauchbares Hilfsmittel akzeptiert, so daß sie in regelmäßiger Folge neu aufgelegt werden mußte.

Dabei waren außer einer regelmäßigen Aktualisierung der Literaturangaben und, soweit sinnvoll, der Titelbeispiele nur periphere Änderungen vorzunehmen. Die Empfehlungen des ersten Teils zur Manuskriptgestaltung haben sich als praktikabel erwiesen. Bei der Normung der Titelangaben hat sich der Anschluß an die bibliothekarischen Regeln, die sogenannten „Preußischen Instruktionen" *(Instruktionen für die alphabetischen Kataloge der preußischen Bibliotheken vom 10. Mai 1899. 2. Ausg. in der Fassung vom 10. August 1908. Unveränd. Nachdr. Wiesbaden: Harrassowitz 1975)* bewährt. Ihnen folgen auch grundlegende und vorbildliche Bibliographien unseres Faches, z.B. der *Jahresbericht für deutsche Sprache und Literatur* ([Bisher:] Bd 1. 2. Berlin: Akademie-Verl. 1960ff.), das Referatenorgan *Germanistik* (Jg. 1ff. Tübingen: Niemeyer 1960ff.) sowie in den jüngeren Bänden auch Goedekes *Grundriß zur Geschichte der deutschen Dichtung* (vgl. Hans

---

[1] z.B. HANNA WEISCHEDEL, Germanistik 3 (1962) S. 476f.; B(ERTOLD) H(ACK), Börsenblatt f. d. Dt. Buchhandel 18 (1962) S. 1264f.

[2] KURT ROTHMANN: Anleitung zur Abfassung literaturwissenschaftlicher Arbeiten. Stuttgart: Reclam (1973). (=Universal-Bibl. Nr. 9504.)

[3] HEINZ GEIGER, ALBERT KLEIN, JOCHEN VOGT: Hilfsmittel und Arbeitstechniken der Literaturwissenschaft. 3. Aufl. Opladen: Westdeutscher Verl. (1978). (=Grundstudium Literaturwiss. Bd. 2.)

Einführung in Techniken literaturwissenschaftlichen Arbeitens. Von ALWIN BINDER [u.a.] 3. Aufl. Kronberg/Ts.: Scriptor Verl. 1977. (=Monographien Literaturwiss. 8.)

JÜRGEN LANDWEHR, MATTHIAS MITZSCHKE, ROLF PAULUS: Praxis der Informationsermittlung: „Deutsche Literatur". München: Fink (1978).

Fromm: Germanistische Bibliographie seit 1945. Theorie und Kritik. Stuttgart: Metzler 1960 (Referate aus der DVjs.) S. 40, Anm. 44).

In die 6. Auflage wurden Hinweise auf die neuere Entwicklung der Katalogisierungsregeln eingearbeitet (vgl. auch in der vorliegenden Ausgabe die Ausführungen S. 80 ff.). Inzwischen liegt das neue Regelwerk abgeschlossen vor:

Regeln für die alphabetische Katalogisierung. RAK. (Autoris. Ausg. Red. Bearb.: Irmgard Bouvier.) – Wiesbaden: Reichert 1977.

Damit erhebt sich die Frage, ob und inwieweit diese neuen Katalogisierungsregeln maßgebend auch für die Titelangaben von Schrifttum in den Literaturverzeichnissen und Anmerkungen wissenschaftlicher Arbeiten werden können und sollen.

Auf den ersten Blick bietet sich die konsequente Umstellung auf die RAK durchaus an; denn die RAK gehen von einer standardisierten Einheitsaufnahme aus, die in einem Katalog unter Voranstellung verschiedener Ordnungselemente (Verfasser, körperschaftlicher Urheber, Sachtitel, sonstige beteiligte Personen) mehrfach erscheinen kann. Eine solche Einheitsaufnahme wird in einer zunehmenden Zahl deutscher Bücher als „CIP-Kurztitelaufnahme der Deutschen Bibliothek" auf der Rückseite des Titelblatts bereits eingedruckt.

Diese Erwägung ist jedoch eher theoretisch; denn die Einheitsaufnahme ordnet aus guten Gründen in der Folge „Sachtitel / Verfasser. Ausgabenbezeichnung. Erscheinungsvermerk. Kollationsvermerk. Gesamttitelangabe", stellt also den Verfasser bzw. den körperschaftlichen Urheber und beteiligte Personen hinter den Sachtitel. Für die Hauptaufnahme wird dann freilich der Verfasser in einer Kopfzeile vorangestellt, also zweimal genannt. In einem Literaturverzeichnis oder in Fußnoten wird man das jedoch nicht ebenfalls tun wollen. Andererseits ist die Voranstellung der Verfassernamen in Fußnoten und Literaturverzeichnissen so üblich und auch naheliegend, daß eine bibliographische Angabe gemäß der Einheitsaufnahme sich kaum praktizieren läßt. Der Verfasser dieser Schrift hat denn auch bisher nur eine Veröffentlichung gesehen, deren Literaturverzeichnis konsequent so verfährt:

Heinz Höhne: Die internationale Entwicklung auf dem Gebiet der alphabetischen Katalogisierung seit der Internationalen Katalogisierungskonferenz von Paris 1961. – Leipzig: Deutsche Bücherei 1979.

Höhne bietet in seinem durchnumerierten Literaturverzeichnis Titelangaben ohne Voranstellung des Verfassernamens, z.B.

247 Informationen über neue Katalogisierungsregeln / Brunhilde Plaß-mann. In: bibliothekar. – Leipzig, 23 (1968) 9, S. 893–895

und verweist in den Fußnoten des Textes hierauf in der Form

Informationen neue Katalogisierungsregeln / Plaßmann (247).

In einem systematisch gegliederten und weiterhin chronologisch geordneten Literaturverzeichnis ist das vielleicht nicht störend. Es ist jedoch schwer vorstellbar, daß in dem Literaturverzeichnis einer literaturwissenschaftlichen Arbeit eine Folge von Veröffentlichungen oder gar Werkausgaben verschiedener Autoren ohne Voranstellung der Verfassernamen präsentiert wird. Wenn der Verfassername aber vorangestellt ist, sollte ein Literaturverzeichnis gewiß nicht durch dessen Wiederholung nach dem Sachtitel aufgeschwemmt werden.

Der Normenausschuß Bibliotheks- und Dokumentationswesen im DIN Deutsches Institut für Normung e.V. hat daher seinen Entwurf einer Neufassung der Norm 1505 „Titelangaben von Schrifttum" geteilt: Die Richtlinien und Empfehlungen des ersten Teils (Entwurf März 1978) „behandeln die Abfassung und Darstellung bibliographischer Beschreibungen, die Ansetzung von Ordnungsbegriffen für deren Eintragungen in alphabetischen Katalogen und Verzeichnissen in Zettel- oder Listenform und die Ordnung in den Katalogen und den Verzeichnissen selbst". Der zweite Teil (Vorentwurf September 1980) „gibt Regeln für das Zitieren von Literaturstellen, d.h. Titelangaben und zusätzlichen Angaben, die zur Identifizierung von Dokumenten zweckmäßig sind [...] und soll für Literaturzusammenstellungen, für Literaturverzeichnisse am Ende einer Schrift bzw. eines Beitrags, im Kontext oder in Fußnoten benutzt werden". Dieser Teil der Norm behält die übliche Voranstellung der Verfasserangabe bei. Bei Schriften mit mehr als drei Verfassern soll die Titelangabe wie bisher (vgl. unten S. 54) mit dem Sachtitel beginnen. Ebenfalls im Anschluß an den Sachtitel soll, wenn dieser zu allgemein ist, ein körperschaftlicher Urheber, und zwar in der vorliegenden Form, genannt werden. Diese Empfehlung wird helfen, Schwierigkeiten und Fehler zu vermeiden, die entstehen müßten, wenn jeder Autor eines Buches oder Aufsatzes die komplizierten Bestimmungen des neuen Regelwerkes über die Ansetzung der Namen von Körperschaften beachten sollte. Da in den an den RAK orientierten Bibliothekskatalogen Schriften, die die Haupteintragung unter der Körperschaft erhalten (§ 639 RAK „Unter der Körperschaft, die als Urheber eines anonymen Werkes gilt, wird die Haupteintragung gemacht, wenn sie im Sachtitel genannt oder zum Sachtitel zu ergänzen ist"), in der Regel eine Nebeneintragung unter dem Sachtitel erhalten, wird durch die geschilderte unkomplizierte Zitierweise die Möglichkeit, die Schrift im Katalog einer Bibliothek zu finden, nicht beeinträchtigt.

Der Entwurf des neuen Normblatts bringt auch hinsichtlich der Bestandteile der Titelaufnahmen und ihrer Reihenfolge keine tiefgreifenden Änderungen. Zu begrüßen ist, daß die Angabe auch des Verlags für den Normalfall vorgesehen ist (vgl. unten S. 49). Ungewohnt hingegen ist teilweise die Zeichensetzung. Die RAK wurden unter anderem entwickelt, um den Ansprüchen der elektronischen Datenverarbeitung Rechnung zu tragen. Aus diesem Grunde sehen sie Deskriptionszeichen vor, die vom üblichen Gebrauch der Interpunktionszeichen abweichen. Sie sollen die Angaben maschinenlesbar machen, d.h. bestimmte Bestandteile sollen von Datenverarbeitungsmaschinen mit Hilfe der vorangehenden Deskriptionszeichen in ihrem Charakter erkannt und registriert werden können. Aus diesem Grund werden bei zwei und drei Verfassern der 2. und 3. Verfasser gleichfalls in der Reihenfolge Familienname, Vorname aufgeführt und durch Spatium (Leerstelle), Semikolon, Spatium vom 1. Verfasser und voneinander getrennt. Zwischen dem Sachtitel und dem körperschaftlichen Urheber oder den sonstigen beteiligten Personen (z.B. Herausgeber, Illustrator) sollen Spatium, Schrägstrich, Spatium stehen. Auch der Doppelpunkt zwischen Erscheinungsort und Verlag soll als Deskriptionszeichen, d.h. mit Spatium vor und hinter dem Doppelpunkt gesetzt werden.

Den Nutzen und die Notwendigkeit dieser Zeichensetzung für Titelmaterial, das mit Hilfe der elektronischen Datenverarbeitung erfaßt und weiterverarbeitet werden soll, wird niemand bezweifeln wollen. Es ist aber zu fragen, ob die Beibehaltung der Deskriptionszeichen in anderen Literaturzusammenstellungen oder im Kontext von Schriften nicht wegen des von der üblichen Zeichensetzung abweichenden Verfahrens – Semikolon und Doppelpunkt schließen in der Regel ohne Spatium an – ohne einen erkennbaren Gewinn zu einer Fülle von Schreib- und Druckfehlern führt. Der Literaturwissenschaftler wird sich überdies erinnern, daß er den Schrägstrich bei der Wiedergabe barocker Titel als Virgel braucht, und deshalb Bedenken haben, ihn auch in anderer Bedeutung zu verwenden. Generell gewinnt man den Eindruck, daß bei dem Bestreben, durch neue Regeln modernen Formen von Veröffentlichungen besser gerecht zu werden, z. B. den Tagungs- und Firmenschriften, historische Formen von Publikationen etwas aus dem Blickkreis geraten sind. Aus diesem Grunde glaubt der Verfasser der vorliegenden Schrift – wenigstens zum gegenwärtigen Zeitpunkt, in dem der Entwurf des Normblatts noch diskutiert wird – seine Empfehlungen hinsichtlich der Zeichensetzung in den Titelangaben nicht ändern zu sollen. Auf einige weitere Entwicklungen – auch unabhängig von den RAK – wird an geeigneter Stelle der nachstehenden Ausführungen hingewiesen (S. 8 Abschnittsbenummerung nach der neuen Fassung des Normblatts DIN 1421, S. 44 Gebrauch der Klammern, S. 67 Kürzung der Titel von Zeitschriften und ähnlichen Veröffentlichungen nach der neuen Fassung des Normblatts DIN 1502, S. 84 abgekürzte Zitierweise mit Verfassernamen und Erscheinungsjahr). Selbstverständlich sind die Literaturangaben wieder auf den neuen Stand gebracht worden.

G. B.

ZUR 9. AUFLAGE

Die Bearbeiter der jetzt geltenden Fassung von Teil 2 der Norm DIN 1505 »Titelangaben von Dokumenten. Zitierregeln« (Jan. 1984) haben sich bedauerlicherweise – in Abweichung auch von den RAK – für die Voranstellung und Nennung aller Verfasser auch bei Werken mit mehr als drei Verfassern entschieden sowie in den Fällen, in denen Verfasser nicht genannt sind, für die Voranstellung des Herausgebers oder des körperschaftlichen Urhebers. Was im Hinblick auf Firmenschriften, Dokumentationen und andere Veröffentlichungsformen der Gegenwart sinnvoll sein mag, ist in Anwendung auf ältere Literatur fragwürdig. In einer literaturwissenschaftlichen Bibliographie sollten z. B. die verschiedenen Ausgaben eines anonymen Werkes wie des Nibelungenliedes zusammen an einer Stelle zu finden sein und nicht über das Alphabet verstreut nach den Namen der Herausgeber. Auch die Schwierigkeiten, die Namen von Körperschaften so anzusetzen, wie sie in Bibliothekskatalogen nach RAK zu finden sind, werden unterschätzt. Die Zulassung von Kurzformen (WDR, DFG, MLA) in Zitaten wälzt die Mühe auf den Leser ab. In den genannten Fällen halten wir die Voranstellung des Sachtitels nach wie vor für zweckmäßiger.

Die Literaturangaben und, sofern sinnvoll, auch die Titelbeispiele wurden in der vorliegenden Auflage wieder auf den neuen Stand gebracht.

G. B.

Die sorgfältige Materialsammlung
als wichtige Vorarbeit
für die Manuskriptgestaltung

Die Sorge oder besser die Vorsorge für die gute äußere Form des Manuskripts beginnt schon im ersten Stadium jeder Arbeit. Bereits die ersten Literaturaufzeichnungen[1] sollten in einer Form niedergeschrieben werden, die ihre spätere Verwendung als Manuskriptvorlage ermöglicht. Zwar wird man beim Bibliographieren oft nur einen Teil der Angaben vorfinden, die wir in den folgenden Empfehlungen als wünschenswert bezeichnen. So werden vielleicht die Vornamen des Verfassers nur abgekürzt erscheinen, ein anderes Mal wird die Angabe des Erscheinungsortes fehlen oder der Sachtitel nur ungenau angegeben sein. Trotzdem ist es möglich, schon diese ersten Aufzeichnungen beim Literatursammeln unmittelbar für das spätere Literaturverzeichnis der eigenen Arbeit nutzbar zu machen. Man darf sie dann freilich nicht auf irgendwelche Zettel schreiben, die man gerade zur Hand hat, darf sie auch nicht in Form von Listen anlegen, die nie Platz genug bieten für die erforderlichen Ergänzungen und Verbesserungen und sich auch nie in die gewünschte Reihenfolge und Ordnung bringen lassen; sondern man muß sich geeigneter Karteikarten oder Karteiblätter bedienen.

Dabei sind drei Dinge zu beachten:

1. Die Karteikarten oder besser (weil billiger) die Karteiblätter müssen eine einheitliche Größe haben; das Papier darf nicht leichter als 70 g/qm sein, weil die Karteiblätter sonst knicken und einreißen. Am besten eignet sich das Format DIN A 6 (Postkartengröße). Es ist klein genug, um handlich zu sein, und groß genug, um neben der Titelangabe auch Hinweise auf das Vorhandensein des betreffenden Buches in Bibliotheken (die Signaturen notieren!)

---

[1] Hilfen für seine Literatursuche findet der Germanist zusammengestellt in Paul Raabes »Einführung in die Bücherkunde zur deutschen Literaturwissenschaft« (10. Aufl. 1984, ebenfalls in der ›Sammlung Metzler‹). Die Tabellen dieser Einführung zeigen zugleich die Reihenfolge, in der er die einzelnen Werke am sinnvollsten für seine Arbeit benutzen kann.

sowie auf die Stelle, an der man in den eigenen Materialien etwa ein Exzerpt eingeordnet hat, aufzunehmen. Ferner sind für dieses verbreitete Format auch leicht Karteikästen zu beschaffen.

2. Für jedes Buch und jeden Aufsatz muß eine eigene Karte, bzw. ein eigenes Blatt angelegt werden, damit bis zur Herstellung des endgültigen Manuskripts immer noch Titel eingereiht werden können, ohne daß die geplante Ordnung durcheinandergerät.

3. Bei der Beschriftung der Karten muß darauf Rücksicht genommen werden, daß die eine oder die andere Angabe vielleicht nachträglich berichtigt und vor allem ergänzt werden muß. Dazu ein Beispiel: In vielen Fällen wird man erste bibliographische Auskunft in Josef Körners »Bibliogaphischem Handbuch des deutschen Schrifttums« (3. Aufl. Bern: Francke 1949) suchen und finden. Körner mußte aber, um Platz zu sparen, sehr abgekürzt zitieren. So steht auf S. 94 nur die knappe Angabe: „E. F. OHLY, Sage und Legende in der Kaiserchronik (1940)". Wer nun diesen Titel in gleicher Zusammendrängung auf eine Karte aufzeichnet, beraubt sich selbst des Nutzens seiner Kartei; denn er wird im Buche selbst weitere Angaben finden, die er dann nicht in der gehörigen Reihenfolge eintragen kann. Er muß ausstreichen, darüber- und darunterschreiben, vielleicht sogar eine neue Karte ausfüllen. Diese Mühe erspart sich, wer lückenhafte Angaben auf der Karteikarte gleich dort einträgt, wo sie voraussichtlich in der vollständigen Titelangabe stehen müssen: Abb. 1

Diese Karte kann leicht vervollständigt werden: Abb. 2

Eine solche Karte ist ein gutes Arbeitsinstrument, vor allem aber eine einwandfreie Vorlage für die Titelangabe im endgültigen Literaturverzeichnis. Wer alle benutzten Schriften so aufgenommen hat, braucht schließlich seine Zettel nur noch in die gewünschte Ordnung zu bringen und kann dann, ohne unnötige Schreibarbeit gehabt zu haben, nach diesen Zetteln die Reinschrift anfertigen.

Der Literaturbeschaffung folgt die Lektüre und das Exzerpieren, d.h. das Aufzeichnen der Stellen, die im Rahmen des zu bearbeitenden Themas besonders wichtig erscheinen. Was und wieviel exzerpiert werden soll, hängt sehr vom Einzelfall ab. Bei Schriften, die leicht greifbar, vielleicht sogar im eigenen Besitz sind, wird man keine zusammenhängenden Exzerpte anfertigen, sondern nur die Stellen, die für einen Gesichtspunkt des Themas belangreich sind, unter eben diesem Gesichtspunkt sammeln, als knappe Zitate oder

```
Ohly, E       F

Sage und Legende in der Kaiserchronik



                          1940
```

Abb. 1: Auf Ergänzung hin angelegte Karteikarte

```
Ohly, Ernst    Friedrich:

Sage und Legende in der Kaiserchronik.
Untersuchungen über Quellen und Aufbau der Dichtung.-

Münster: Aschendorff              1940.

(= Forschungen z. dt. Sprache u. Dichtung. 10.)

(zugleich Phil. Diss. Frankfurt 1940.)

Platz für                  Platz für evtl. Hinweis
Bibliothekssignatur        auf ein Exzerpt

Unter Umständen können auch die Quelle der bibliographischen
Angabe, Daten der Bestellung und Lektüre u. ä. auf der
unteren Hälfte der Karte vermerkt werden.
```

Abb. 2: Ergänzte Karteikarte

auch nur als Band- und Seitenangaben. Bei Büchern, deren Beschaffung mehr Mühe macht, empfiehlt sich wenigstens stichwortartige Aufzeichnung des Gedankenganges. Auch die wörtlichen Auszüge sollten hier nicht zu knapp bemessen sein, damit man sich den Zusammenhang einer Stelle stets wieder aus dem Exzerpt vergegenwärtigen kann. In solchen Fällen müssen vor allem dichterische Texte ausführlich exzerpiert werden, damit die Funktion eines Phänomens innerhalb des Zusammenhangs erkennbar bleibt. Diese Notwendigkeit macht die Materialsammlung für motiv- und stilgeschichtliche Untersuchungen oft sehr mühsam, da solche Untersuchungen an dem Auftreten der entsprechenden Motive und Stilzüge in entlegenen Werken nicht ohne weiteres vorbeigehen können. Der Interpret eines einzelnen Autors oder gar eines einzelnen Werkes hat es in diesem Punkt leichter.

Die Karteiform, die wir für die Sammlung der Buchtitel empfahlen, eignet sich auch sehr gut zur Aufnahme von Exzerpten sowie von eigenen Gedanken und Beobachtungen (Titel- und Materialkartei getrennt halten!). Kladden und Hefte sind dagegen unpraktisch, da sich in ihnen keine alphabetische oder systematische Ordnung einhalten läßt. Auch hier ist für kleinere Aufzeichnungen das Format DIN A 6 (Postkartenformat) am zweckmäßigsten. Umfangreichere Exzerpte schreibt man auf DIN A 5-Blätter, die durch einmaliges Falten leicht auf das Format DIN A 6 gebracht und so ebenfalls in die Kartei eingereiht werden können. Dabei stellt man den Faltrücken nach oben, da sonst andere, nicht zugehörige Karten oder Blätter in das nach oben offene Faltblatt geraten könnten. Mehrere Blätter *eines* Exzerpts faltet man nicht einzeln, sondern zusammen, damit das Exzerpt als Ganzes in die Kartei eingereiht und ihr entnommen werden kann. Das Stichwort, unter dem es eingereiht werden soll, braucht dann auch nicht auf jedem Blatt, sondern nur einmal verzeichnet zu werden (oben links, d.h. auf der Rückseite des letzten Blattes unterhalb der Faltlinie). Neben der Kartei noch Ordner und Schnellhefter für Exzerpte in Betrieb zu nehmen ist nicht empfehlenswert. Das Format DIN A 4 verwendet man zweckmäßigerweise erst für die Ausarbeitung der eigenen Gedankengänge. Zur Aufbewahrung dieser Blätter während der Arbeit an und mit ihnen sind (verschiedenfarbige!) Aktendeckel und Jurismappen geeignet. Leicht auswechselbar bleiben auch Blätter, die in Ordnern aufbewahrt werden. Schnellhefter (eventuell Einhängehefter für Ordner) verwende man erst für abgeschlossene Ausarbeitungen.

Kurze Exzerpte und Notizen reiht man in der Kartei unter dem entsprechenden Stichwort ein (genaue Quellenangabe nicht vergessen!). Es ist gut, in solchen Fällen auf der Titelkarte zu vermerken, unter welchen Stichworten Notizen aus dem betreffenden Buch oder Aufsatz zu finden sind. Ist aus den oben geschilderten Gründen ein umfangreicher Auszug notwendig, stellt man diesen besser unter den Verfassernamen und notiert auf den Stichwortkarten nur Querverweisungen auf die einzelnen Stellen des Exzerptes. Auch in diesem Fall ist ein Vermerk auf der Titelkarte über Anfertigung und Einordnung des Exzerpts sehr zu empfehlen.

Das Exzerpieren ist bereits eine wichtige Vorarbeit für die Manuskriptgestaltung. Hier angewandte Sorgfalt zahlt sich später doppelt aus. Oft genug ist die Originalschrift bei der Ausarbeitung des Manuskripts nicht mehr ohne weiteres verfügbar. Sie kann z. B. gerade ausgeliehen sein. Wer dann aus seinem Exzerpt mit der gleichen Zuverlässigkeit zitieren kann wie aus der Originalschrift, braucht sich der zeitraubenden Mühe, diese erneut zu beschaffen, nicht mehr zu unterziehen. Dazu gehört aber, daß gleich beim Exzerpieren die Vorlage mit der Genauigkeit abgeschrieben wird, die man von einem Zitat verlangen muß, und daß auch jeweils die Seitenzahl vermerkt wird. Werden längere Stellen exzerpiert, die sich über mehr als eine Seite erstrecken, hält man den Beginn jeder neuen Seite fest, indem man die neue Seitenzahl eingeklammert in den Text einschiebt; dies ist von großer Wichtigkeit, wenn später ein kürzeres Zitat herausgelöst werden muß.

Völlig unentbehrlich ist die Anlage einer Kartei bei lexikographischen Arbeiten. Hierher gehören sowohl die Sammlungen des Wortschatzes eines Dichters oder eines einzelnen literarischen Denkmals als auch kleinere Aufgaben, z. B. die Übersicht über das Vorkommen eines einzelnen Wortes oder Wortfeldes.

Wenn ein Gesamtwortschatz verzeichnet und untersucht werden soll, müssen für jedes Wort alle Fundstellen verzettelt werden. Zu diesem Zweck wird jeder Satz so oft abgeschrieben oder vervielfältigt, wie Worte in ihm vorkommen. Auf dem ersten Zettel wird das erste Wort des Satzes unterstrichen, auf dem zweiten das zweite usw. In der linken oberen Ecke des Blattes wird das unterstrichene Wort wiederholt. Die Zettel werden entsprechend eingeordnet.

Auf diese Weise kommen sämtliche Belege für jedes im Text vorkommende Wort zusammen. Dann folgt die eigentliche Arbeit: die Gruppierung dieser Belege nach ihrer Bedeutung.

Auf diese Weise entstehen die meist umfangreichen Spezialwörterbücher. Wir nennen als Beispiele:

Benecke, G[eorg] F[riedrich]: Wörterbuch zu Hartmanns Iwein. 3. Ausg. besorgt von C[onrad] Borchling. – Leipzig: Dieterich 1901.

Wießner, Edmund: Vollständiges Wörterbuch zu Neidharts Liedern. – Leipzig: Hirzel 1954.

Vor solch umfangreiche Aufgaben wird ein Student nicht gestellt werden. Die Arbeitsweise ist jedoch im Prinzip die gleiche, wenn nur eine Gruppe von Wörtern oder nur ein Wort in seiner Verwendung untersucht werden soll. In diesen Fällen braucht natürlich nur für die zu untersuchenden Wörter jedes Vorkommen auf einem Zettel festgehalten zu werden. Als Beispiele, in denen die lexikalische Form – wenigstens als Belegsammlung – noch erhalten ist, seien genannt:

Kirmße, Curt: Die Terminologie des Mystikers Johannes Tauler. – Leipzig, Phil. Diss. 1930.

Hager, Gertrud: Gesund bei Goethe. Eine Wortmonographie. – Berlin: Akademie-Verl. 1955. (=Dt. Akad. d. Wiss. zu Berlin. Veröffentlichungen des Inst. f. Dt. Sprache u. Lit. 5.)

Die besten Beispiele für die (interpretierende) Gliederung der Belegsammlungen und zugleich die besten Anregungen für Untersuchungen der genannten Art bietet das »Deutsche Wörterbuch« der Brüder Grimm. Besonders lehrreich ist der Artikel »Geist«, den Rudolf Hildebrand verfaßt hat (Bd 4, Abth. 1, Th. 2, Sp. 2623 – 2741. Auch einzeln neugedruckt: Halle: Niemeyer 1926).

I. Die Gliederung

Die Art, wie man ein wissenschaftliches Thema anpackt und ausarbeitet, ist je nach Temperament und Gegenstand verschieden. Manchmal kann man einzelne Abschnitte einer Arbeit zunächst isoliert behandeln und sogar weitgehend ausführen, ohne daß bei ihrem Einbau in den gesamten Text wesentliche Änderungen erforderlich sind. Häufiger wird es zweckmäßig sein, daß man mit der Ausarbeitung erst beginnt, wenn eine überzeugende, bis in die Einzelheiten des Gedankenganges reichende Gliederung vorliegt. Solche Fälle meinte wohl LICHTENBERG, als er die Maxime aufstellte: „Nicht eher an die Ausarbeitung zu gehen, als bis man mit der ganzen Anlage zufrieden ist, das gibt Mut und erleichtert die Arbeit" (Ges. Werke. Hrsg. von W. Grenzmann. Bd 1. Baden-Baden: Holle [1949]. S. 120).

In welcher Folge die einzelnen Abschnitte auch immer entstanden sein mögen, die fertige Arbeit muß logisch aufgebaut sein, und das Inhaltsverzeichnis muß den Gedankengang des Verfassers klar erkennen lassen. Aus diesem Grunde ist es notwendig, daß nicht nur nach Einleitung, Kapitel I, II, III und Schluß unterteilt wird; vielmehr muß die Inhaltsübersicht sprechend sein, d.h. die Überschriften der einzelnen Abschnitte müssen erkennen lassen, wovon die Abschnitte handeln.

Die Abschnitte einer kurzen Seminararbeit wird man nicht ‚Kapitel' nennen wollen und auch nicht weiter unterteilen; eine Staatsexamens- oder Doktorarbeit jedoch verlangt eine reichere Gliederung. Dabei ist es üblich, große Teile mit den großen Buchstaben (A, B, C) zu bezeichnen, Kapitel mit den römischen Zahlen (I, II, III) und kleinere Abschnitte innerhalb der Kapitel mit arabischen Zahlen (1, 2, 3). Sind noch weitere Unterteilungen nötig, verwendet man kleine lateinische Buchstaben (a, b, c) und schließlich griechische Buchstaben (α, β, γ). Die Folge lautet also absteigend von den großen Teilen zu den kleinen Abschnitten: A I 1 a α.[1] Bei kürzeren Arbeiten bedient man sich am besten nur der

---

[1] Da überall im Leben (z. B. bei Hausnummern) die kleinen Buchstaben den arabischen Zahlen untergeordnet sind und sie unterteilen (z.B. 9a),

arabischen Ziffern und zur weiteren Gliederung eventuell noch der kleinen Buchstaben. Kurze Arbeiten können auch in fortlaufend numerierte Paragraphen (ohne §) eingeteilt werden. Eine dritte Möglichkeit der Gliederung ist die Abschnittsbenummerung nach DIN 1421 »Gliederung und Benummerung in Texten. Abschnitte, Absätze, Aufzählungen« (Jan. 1983).

Nach dieser Norm wird eine Schrift in beliebig viele Abschnitte unterteilt, die von 1 aufsteigend numeriert werden. Die Abschnitte können in Abschnitte weiterer Stufen gegliedert werden. Die Zahl der Stufen ist nicht beschränkt, sollte jedoch nicht unübersichtlich werden. Bei Verweisungen empfiehlt sich die Verbindung der Abschnittsnummer mit einer Überschrift oder einem am Abschnittsbeginn stehenden Stichwort. Die Nummern jeder Stufe werden mit einem Punkt versehen, sofern eine weitere Stufe folgt, und so hintereinandergesetzt. Die Punkte werden nicht mitgesprochen: 3. 12. 7. = Abschnitt drei zwölf sieben. Vorbemerkungen und ähnliche einleitende Abschnitte können mit der Ziffer 0 (Null), die Vorbemerkungen zu einem Kapitel 3 also als 3.0 bezeichnet werden. Aufzählungen dürfen mit arabischen Ordnungszahlen (1., 2., 3. usw.) oder mit lateinischen Kleinbuchstaben und nachfolgender Klammer oder auch lediglich typographisch mit vorangestelltem Bindestrich (–) gekennzeichnet werden.

Es empfiehlt sich, den Text nicht zu sehr durch Überschriften aufzusplittern. Oft genügt es, ihn sinngemäß in Absätze zu gliedern. Auf jeden Fall müssen die Überschriften im Text und im Inhaltsverzeichnis miteinander übereinstimmen. Freilich kann man im Inhaltsverzeichnis die Kapitelüberschriften längerer und nicht weiter unterteilter Kapitel durch eine Folge von Stichworten ergänzen, ohne daß diese im Text als Überschriften erscheinen müßten, so in Benno von Wieses großer Schillerbiographie (Friedrich Schiller. 4., durchges. Aufl. Stuttgart: Metzler 1978).

Außer dem Haupttext gehören zu einer wissenschaftlichen Arbeit das Titelblatt und das Literaturverzeichnis, zu einer größeren Arbeit (Staatsexamensarbeit, Dissertation) unter Umständen noch ein Vorwort, ein Abkürzungsverzeichnis, ein Anhang mit Exkursen oder Abbildungen, zu diesen ein Abbildungsverzeichnis, vielleicht auch eine Widmung. Diese Teile werden gegebenenfalls vor und nach dem Haupttext folgendermaßen angeordnet:

---

scheint mir die manchmal vorgeschlagene Folge A I a 1 α trotz des hübschen Wechsels von Buchstaben und Zahlen unzweckmäßig zu sein.

Titelblatt*
Widmung*

Vorwort ⎫ können auch in umgekehrter Reihenfolge
Inhaltsverzeichnis* ⎭ stehen
Abbildungsverzeichnis (dieses evtl. auch vor einem Bildanhang)
Abkürzungsverzeichnis (dieses evtl. auch vor dem Literaturver-
zeichnis)

Einleitung (Persönliches, z.B. der Dank für Anregungen und Hilfe, gehört
nicht in die ‚Einleitung‘, sondern in ein ‚Vorwort‘)

Haupttext
Schluß (dieser sollte sinnvoll benannt werden, also ‚Ergebnisse‘, ‚Zusam-
menfassung‘, ‚Ausblick‘ oder ähnlich)
Exkurse
Abbildungen oder Textbeigaben (z.B. die geschlossene Wiedergabe eines
bisher ungedruckten Textes aus dem Nachlaß eines Dichters)
Literaturverzeichnis
Register
(bei Dissertationen:) Lebenslauf

Anders als die ‚Gliederung‘ eines Schulaufsatzes muß das
Inhaltsverzeichnis einer (wenn auch kurzen) wissenschaftlichen
Arbeit die Seitenzahlen der Kapitel- und Abschnittsanfänge nennen. Ein *Merkblatt für Doktoranden,* das die Kommision für
Dissertationsfragen des Vereins Deutscher Bibliothekare herausgegeben hat, verlangt, daß die Seitenzählung vom Titelblatt an
gerechnet und auf der ersten Textseite mit ihr begonnen wird. Sie
soll über Einschübe und auch einen etwaigen Anhang bis zur
letzten Seite in *einer* Zählung weiterführen, und zwar in arabischen
Zahlen. Da oft das einleitende Material (Vorwort, Inhaltsverzeichnis) erst nach Fertigstellung der Arbeit geschrieben wird, sein
Umfang also bei Beginn der Niederschrift noch nicht feststeht,
verwenden manche Autoren hierfür eine eigene Zählung (in römischen Zahlen).

Die Seitenzahl steht im Manuskript zweckmäßigerweise oben
über der Mitte des ‚Satzspiegels‘ (nicht in der Mitte der Seite, da
der linke Rand in der Regel größer bemessen wird). Beginnt auf der
Seite ein neues Kapitel (und ein Kapitel sollte immer auf einer
neuen Seite beginnen), kann die Seitenzahl unten in der Mitte
stehen oder auch ganz fehlen.

---

* Im Inhaltsverzeichnis werden Titelblatt, Widmung und das Inhaltsverzeichnis selbst nicht aufgeführt.

Schon die Blätter der ersten Niederschrift sollten aus Gründen der Übersicht sofort gezählt werden. Werden später Blätter eingeschoben, können diese durch Zusatz von Buchstaben unterschieden werden: z.B. 25, 25a, 25b, 26. Fallen umgekehrt Blätter aus, versieht man das vorhergehende Blatt mit mehreren Nummern. So bekommt das Blatt 29, wenn 30 und 31 wegfallen, die Zählung 29–31. In beiden Fällen ist der Zusatz *folgt Blatt xx* nützlich. Im ersten Beispiel hieße es also: 25 (folgt 25a), 25a (folgt 25b), 25b (folgt 26), im zweiten: 29–31 (folgt 32).

II. Der Titel

Zwar ist bei vielen Seminararbeiten und bei allen Prüfungsarbeiten für das Staatsexamen mit der Themenstellung der Titel schon genau formuliert; trotzdem bleiben noch viele Fälle, in denen der Verfasser einer Arbeit auch den richtigen Titel finden muß; es lohnt sich deshalb, ein Wort darüber zu sagen.

Der Titel muß klar und möglichst genau erkennen lassen, welchen Gegenstand die Arbeit behandelt. Andererseits wird bei größeren wissenschaftlichen Arbeiten mancher Verfasser den berechtigten Wunsch haben, auch den Kerngedanken seiner Arbeit oder wenigstens den Aspekt, unter dem er den Gegenstand behandelt hat, schon im Titel auszudrücken. In solchen Fällen erweist sich die Verbindung von Ober- und Untertitel als nützlich. Dabei kann sowohl die genaue Formulierung des Gegenstandes im Obertitel und der allgemeine Aspekt im Untertitel stehen als auch umgekehrt der zündende Gedanke im Ober- und die Nennung des Gegenstandes im Untertitel:

Beispiele für diesen zweiten Fall sind:
Ludwig, Marianne: Stifter als Realist. Untersuchung über die Gegenständlichkeit im »Beschriebenen Tännling«. – Basel: Schwabe 1948. (=Basler Studien zur deutschen Sprache und Literatur. 7.) (zugleich Phil. Diss. Basel 1948.)
Gruenter, Rainer: Formen des Dandysmus. Eine problemgeschichtliche Studie über Ernst Jünger. – In: Euphorion 46 (1952) S. 170 – 201.
Für den ersten Fall, bei dem zunächst der konkrete Gegenstand und dann der weitere Aspekt bezeichnet wird, sei als Beispiel genannt:
Schneider, Karl Ludwig: Der bildhafte Ausdruck in den Dichtungen Georg Heyms, Georg Trakls und Ernst Stadlers. Studien zum lyrischen Sprachstil des deutschen Expressionismus. – Heidelberg: Winter 1954. (= Probleme der Dichtung. H. 2.) (vorher Phil. Diss. Hamburg 1950.)

Dieses Beispiel zeigt auch, daß die Anordnung des Titels nicht willkürlich ist. Der umfassendere Gesichtspunkt wird nur dann im Obertitel erscheinen, wenn der konkrete Gegenstand für ihn exemplarisch ist. Handelt es sich dagegen um einen Ausschnitt aus einem größeren Themenkreis, nennt man diesen Themenkreis erst im Untertitel.

Der Text des Titelblattes und seine Anordnung ist bei Dissertationen vorgeschrieben, wobei die Dissertationsformel („Inaugural-Dissertation zur Erlangung des Grades eines Doktors der Philosophie ..." oder „... zur Erlangung der Doktorwürde einer Hohen Philosophischen Fakultät der Universität X. vorgelegt von N. N. aus Y.") von Fakultät zu Fakultät verschieden ist. Manche Fakultäten lassen den Tag der mündlichen Prüfung und den Namen des Referenten – eventuell auch die Namen des Dekans und *beider* Gutachter – auf die Vorderseite des Titelblattes setzen, andere auf die Rückseite. Im zweiten Falle bleibt die Vorderseite des Titelblattes übersichtlicher. Zweckmäßigerweise erkundigt man sich rechtzeitig nach der ortsüblichen Form.

Auf jeden Fall wird bei Dissertationen der Titel symmetrisch angeordnet (‚zentriert'). Dies geschieht, indem man zunächst den Text des Titelblattes, in die gewünschten Zeilen eingeteilt, mit gleichmäßigem linken Rand schreibt und die Typenzahl (Leeranschläge nicht vergessen!) jeder Zeile zählt (s. S. 12, Abb. 3).

In der Reinschrift läßt man jede Zeile um die Hälfte ihrer Anschläge vor der Achse des Satzspiegels beginnen. Diese liegt in der Regel etwas weiter rechts als die Achse der Seite, da der linke Rand für die Heftung breiter bleiben muß. Differieren zwei benachbarte Zeilen um nur einen Anschlag, hält man eher die linke Seite gleichmäßig als die rechte. An der ersten Zeile kann man die folgenden leicht orientieren. Im vorliegenden Beispiel muß die erste Zeile 10 Anschläge vor der Achse beginnen, die zweite 13 Anschläge, also drei Anschläge vor der ersten, die dritte 23 Anschläge, also zehn Anschläge vor der zweiten, usf. (s. S. 12, Abb. 4).

Bei Staatsexamensarbeiten genügt meist der Sachtitel nebst Namen und Anschrift des Verfassers. Das gleiche gilt für Seminararbeiten und schriftlich eingereichte Referate. Ist auf dem Titelblatt ein Hinweis auf das Seminar, in dessen Rahmen die Arbeit angefertigt wurde, erwünscht, kann dies in folgender Form geschehen:

Seminarstufe, Seminarleiter, Semester
Thema des Seminars
z. B. Proseminar, Dr. N. N., WS 1989/90
„Die Dramen des Sturm und Drang"

Dieser Hinweis kann, zentriert oder wie eine Orts- und Datumsangabe nach rechts gerückt, auf der oberen Hälfte des Titelblatts

DIE TEUFELLITERATUR   19
ZWISCHEN BRANT UND LUTHER   25

Ein Beitrag zur näheren Bestimmung der Abkunft   46
und des geistigen Ortes der Teufelsbücher, besonders im   55
Hinblick auf ihre Ansichten über das Böse   41

Inaugural-Dissertation   22
zur Erlangung des Grades eines Doktors der Philosophie   54

der Philosophischen Fakultät der Freien Universität Berlin   58
vorgelegt von   13
BERNHARD OHSE   13
aus Rostock   11

Berlin 1961   11

Abb. 3: Für das Zentrieren vorbereiteter Titel

DIE TEUFELLITERATUR
ZWISCHEN BRANT UND LUTHER

Ein Beitrag zur näheren Bestimmung der Abkunft
und des geistigen Ortes der Teufelsbücher, besonders im
Hinblick auf ihre Ansichten über das Böse

Inaugural-Dissertation
zur Erlangung des Grades eines Doktors der Philosophie

der Philosophischen Fakultät der Freien Universität Berlin
vorgelegt von
BERNHARD OHSE
aus Rostock

Berlin 1961

Abb. 4: Zentrierter Titel

stehen. Der Sachtitel kommt (zentriert!) in die Mitte. Name und Anschrift des Verfassers folgen auf der unteren Hälfte, zentriert oder auch nach rechts gerückt.

III. Das Zitieren

Es gibt in philologischen Arbeiten zwei Gruppen von Zitaten, einmal die Zitate aus der Primärliteratur, das sind die Zitate aus den Dichtungen oder sprachlichen Zeugnissen selbst, sodann die Zitate aus der Sekundärliteratur, also aus wissenschaftlichen Arbeiten.

Die erste Gruppe ist die wichtigere. Ihr gehören zunächst die Fälle an, in denen der Verfasser einer literaturwissenschaftlichen Arbeit dem Leser deren Gegenstand vollständig vorführt. Praktisch ist dies nur bei Gedichtinterpretationen möglich, wo es sich allerdings immer empfiehlt, den Abdruck des ganzen Gedichtes der Interpretation voranzustellen. Abgesehen von sehr kleinen Prosaformen (Fabel, Parabel) sind alle anderen Gattungen dafür zu umfangreich. Deshalb sind die Fälle viel zahlreicher, in denen nur Ausschnitte aus den dichterischen Werken und sprachlichen Denkmälern wörtlich angeführt werden, die Fälle also, in denen der Verfasser seine Aussagen mit Belegen veranschaulichen und beweisen will.

Der Fall, daß ein literarischer Text noch nicht gedruckt ist und deshalb erst vorgelegt werden muß, gehört nicht hierher, da es sich dabei nicht um ein Zitat, sondern um eine Edition handelt. Die hier zu beachtenden Regeln wird ein eigener Band der ›Sammlung Metzler‹ darstellen.

Eine andere Aufgabe haben die Zitate der zweiten Gruppe, die Zitate aus der Sekundärliteratur. Diese bringt der Verfasser, wenn er mit ihnen übereinstimmt, zur Bekräftigung der eigenen Meinung vor, oder er benützt sie, falls er anderer Ansicht ist, als Ausgangspunkt der Diskussion.

Jedes Zitat muß drei Forderungen genügen: es muß *unmittelbar* (1), *genau* (2) und *zweckentsprechend* (3) sein.

(1) Es muß *unmittelbar* sein, d.h. der Verfasser muß den Text selbst vor Augen gehabt haben. Er darf sich nicht damit begnügen, ein Zitat, das er anderswo – womöglich ohne genaue Quellenangabe – gefunden hat, nur abzuschreiben. Allzuleicht kann er sonst einen Fehler, der seinem Gewährsmann unterlaufen ist, übernehmen. Ja, es könnte sein, daß der Gewährsmann die Bedeutung des

Zitates in seinem Zusammenhang völlig verkannt hat. Deshalb müssen solche bei anderen gefundenen Zitate am originalen Text nach Sinn und Wortlaut überprüft werden. War es trotz aller zumutbaren Anstrengungen nicht möglich, die Quelle selbst einzusehen, muß die Quellenangabe den Zusatz erhalten: ...*zitiert nach:* ...

Bei Zitaten aus der Primärliteratur kommt dieser Fall naturgemäß kaum vor, jedoch liegt hier in der Forderung der Unmittelbarkeit des Zitates noch etwas anderes beschlossen: der zitierte Text soll der vom Dichter intendierten Form möglichst nahe kommen, das heißt, es müssen zuverlässige Ausgaben benutzt werden. Eine Untersuchung des Stils, insbesondere der rhythmischen Gliederung der Prosa Lessings oder Stifters kann sich nicht auf eine die Zeichensetzung modernisierende Ausgabe stützen, ihr muß vielmehr die historisch-kritische oder – bei Stifter modernisierte diese teilweise selbst – eine in der Textgestaltung konservative kritisch revidierte Ausgabe zugrunde gelegt werden. Liegt für einen Autor keine solche Edition vor, sind die verläßlichsten Originaldrucke zu benutzen.

Nützliche Ratgeber hinsichtlich des Ranges der neueren wissenschaftlichen Ausgaben sind Josef Körners »Bibliographisches Handbuch des deutschen Schrifttums« (3. Aufl. Bern: Francke 1949) und das von Waltraud Hagen u.a. erarbeitete »Handbuch der Editionen. Deutschsprachige Schriftsteller vom Ausgang des 15. Jahrhunderts bis zur Gegenwart« (München: Beck 1979). Auch in den entsprechenden Bänden der ›Sammlung Metzler‹ werden jeweils die verschiedenen Ausgaben charakterisiert.

Oft wird es nicht möglich sein, die jeweils beste Ausgabe zu kaufen oder für längere Zeit zu entleihen. Es gibt zwar Aufgaben und Themen, zu deren Bearbeitung die *dauernde* Benutzung der kritischen Ausgabe, insbesondere des Variantenapparates unumgänglich ist. Hierher gehört der erwähnte Fall einer Stiluntersuchung, gehören vor allem textgeschichtliche Untersuchungen. Von solchen Fällen einmal abgesehen, wird es oft möglich sein, zunächst nach einer anderen möglichst reichhaltigen und zuverlässigen Ausgabe zu arbeiten und erst bei der endgültigen Fertigstellung des Manuskripts alle Zitate nach der maßgebenden Edition zu überprüfen und nach dieser auch die Quellenangaben einzusetzen. Es empfiehlt sich freilich, Stellen, die für die Interpretation besonders wichtig sind, sofort in der kritischen Ausgabe zu verifizieren.

(2) Zweitens muß das Zitat *genau* sein. Damit ist nicht nur gemeint, daß durch die Lösung aus dem Zusammenhang der Sinn nicht entstellt sein darf, sondern es ist wirklich buchstäbliche Genauigkeit gefordert. Dazu gehört bei manchen Texten viel Kon-

zentration. Dennoch lohnt es sich, (schon beim Exzerpieren!) sogar veraltete Schreibungen und ungewöhnliche Zeichensetzungen sorgfältig aus der Quelle zu übernehmen; denn dieser Mehraufwand an Mühe erspart viele Überlegungen, wieweit man die Texte modernisieren darf. Daß bei sprachgeschichtlichen Arbeiten die Erhaltung der alten Schreibweise, vom Lautstand ganz zu schweigen, vollends unerläßlich ist, versteht sich von selbst. Unter Umständen sollten sogar inhaltliche und orthographische Fehler der Vorlage übernommen werden. Durch ein zugesetztes *[!]* zeigt der Verfasser an, daß der Fehler nicht beim Abschreiben unterlaufen ist.

Zur buchstäblichen Genauigkeit gehört auch, daß gewisse erlaubte Änderungen der Textgestalt als solche erkennbar sind. Zuweilen wird der Zitierende ein einzelnes Wort oder einen einzelnen Satz innerhalb des Zitats besonders hervorheben wollen. Auf der Schreibmaschine kann man unterstreichen und sperren, im Buch außerdem halbfett und kursiv setzen lassen. Die für das Schriftbild bei weitem befriedigendsten Formen der Hervorhebung sind die Unterstreichung im Typoskript und die Kursivschrift im Buch. Aber auch diese sollen nur sparsam angewendet werden. Auf jeden Fall muß bei der Quellenangabe vermerkt werden: *Hervorhebung vom Verfasser*. Umgekehrt muß auch auf die Weglassung solcher Auszeichnungen hingewiesen werden. Sodann kann es sein, daß innerhalb eines Zitates ein kurzer erläuternder Hinweis erwünscht ist. Besonders häufig ist der Fall, daß eine Person im zitierten Textausschnitt nur mit dem Personalpronomen bezeichnet ist, der Leser aber erfahren muß, von wem die Rede ist. Ein solcher Einschub wird in eckige Klammern gesetzt.

Nachdem er [Emanuel Quint] eine geraume Weile die Vorgänge und das spielzeugartig klein erscheinende Haus in der Ferne beobachtet hatte, [...]

Den Hinzufügungen stehen die Auslassungen gegenüber. Es kann sein, daß die Stellen eines Textes, auf die es im Zitat ankommt, durch Sätze oder Worte getrennt sind, die für den Zweck des Zitates ohne Schaden entbehrt werden können. Dann sind Kürzungen erlaubt, die durch Einfügungen von drei Punkten kenntlich gemacht werden müssen. Diese allgemein übliche Kennzeichnung von Auslassungen hat allerdings den Nachteil, daß sie sich nicht unterscheidet von drei Punkten, die zum Text selbst gehören; in den Dichtungen des Naturalismus und Impressionismus und auch in den Schriften Nietzsches finden sich sehr häufig solche Punkte. Wir schlagen deshalb vor, die Auslassungspunkte, die als solche ja einen Zusatz darstellen, in eckige Klammern zu setzen. In Gedichten stehen die drei Punkte für einen oder mehrere ausgelassene Verse auf einer Zeile für sich.

Als Beispiel zitieren wir einige Verse aus Hofmannsthals »Prolog zu dem Buch ›Anatol‹« (Die nicht eingeklammerten Punkte gehören zum originalen Text):

> In dem Spiegelbild der Nixen
> Spielen Gold- und Silberfische …
> [...]
> Drei Delphine gießen murmelnd
> Fluten in ein Muschelbecken …

Bei umfangreichen Auslassungen ist es oft besser, das Zitat zu schließen und – eventuell nach einem kurzen überleitenden Zwischentext – die Fortsetzung als neues Zitat zu bringen.

Beginnt oder schließt ein Zitat mitten in einem Satz, wird dies durch vorausgehende, bzw. nachfolgende Auslassungspunkte kenntlich gemacht (vgl. das Zitat S. 15). Der Beginn oder das Ende eines Zitates mitten in einer Verszeile hingegen wird in der Regel schon durch die Druckanordnung genügend deutlich.

Das folgende Beispiel (Lessing: Nathan der Weise. 4. Akt, v. 4–7) illustriert beide Fälle:

> Warum trägt er mir
> Auch lauter solche Sachen auf? – Ich mag
> Nicht fein seyn; mag nicht überreden; mag
> Mein Näschen nicht in alles stecken; mag
> [...]

(3) Die Zulassung von Kürzungen ist ein Kompromiß zwischen der Forderung nach Genauigkeit der Textwiedergabe und unserer dritten Forderung an das Zitat, die lautete: Das Zitat muß *zweckentsprechend* sein. – Damit ist wiederum nicht nur die Selbstverständlichkeit gemeint, daß das Zitat wirklich das enthalten muß, was der Zitierende an ihm zeigen will, sondern auch die folgende Regel: Das Zitat muß umfangreich genug sein, daß es seinen Zweck wirklich erfüllt, andererseits soll nicht ausführlicher zitiert werden, als zur Erreichung ebendieses Zweckes notwendig ist. Wo es auf einen einzigen Satz ankommt, ist die Wiedergabe eines ganzen Absatzes nur störend. Dann ist es besser, wenn der Verfasser den Zusammenhang mit eigenen kurzen Worten umreißt.

Es ist überhaupt wichtig, daß Zitate vorbereitet werden, damit der Leser (und noch mehr beim mündlichen Vortrag der Hörer!) weiß, worauf es dem Verfasser ankommt und worauf also beim Zitat zu achten ist. Der Vorbereitung des Zitates korrespondiert die Auswertung. Sie ist auch dort nötig, wo ein Zitat oder mehrere Zitate scheinbar für sich selbst sprechen. Erst mit der Auswertung ist der jeweilige Schritt im Gedankengang einer Untersuchung wirklich vollzogen.

Für die Einfügung der Zitate in das Schriftbild ist ihr Umfang von Bedeutung[1]. Längere Zitate – das sind Prosazitate, wenn sie sich über mehr als vier Zeilen des Manuskripts erstrecken, und Verse, die aus zwei oder mehr Zeilen bestehen, – hebt man im Manuskript vom übrigen Text ab, indem man sie um fünf Leeranschläge einrückt. Der Beginn des Zitats wird nur dann nochmals, und zwar um drei Leeranschläge, eingerückt, wenn es sich im Original um den Beginn eines Absatzes handelt. Ein Zitat aus kurzen Verszeilen wird so weit eingerückt, daß es in die Zeilenmitte zu stehen kommt. Diese längeren Zitate werden außerdem durch einen größeren Zeilenabstand vom vorhergehenden und folgenden Text getrennt. Das Zitat selbst schreibt man mit engem Zeilenabstand. Wenn der übrige Text anderthalbzeilig geschrieben ist, wirkt so das Zitat geschlossener. Ist das Manuskript allerdings für den Setzer bestimmt, schreibt man auch die Zitate anderthalbzeilig und gibt den gewünschten Schriftgrad, z.B. *Borgis* oder *Petit*, auf dem Rande an. – Derart abgehobene Zitate brauchen nicht mehr in Anführungszeichen gesetzt zu werden.

Einzelne kürzere Zitate werden vom übrigen Text nur durch Anführungszeichen getrennt, und zwar in der Regel durch doppelte Anführungszeichen. Zitate innerhalb von Zitaten bekommen einfache Anführungszeichen. Anmerkunges des zitierten Textes können in runden Klammern mit dem Zusatz *(Anm.: ...)* in das Zitat eingefügt, bei eingerückten Zitaten aber auch anschließend wiedergegeben werden.

Eine Folge kürzerer Zitate wird man wie ein längeres vom Text absetzen und engzeilig schreiben. Dabei kann jedes Zitat mit einer

---

[1] Die Empfehlungen zu diesem und dem nächsten Punkte (Belege in sprachwissenschaftlichen Arbeiten) folgen teilweise den Vorschlägen von Ewald Standop: Die Form der wissenschaftlichen Arbeit. 12., durchges. u. verb. Aufl. – Heidelberg, Wiesbaden: Quelle & Meyer (1988). (= Uni-Taschenbücher. 272.)

neuen Zeile beginnen. Die Zitate können aber auch durch zwei Trennungsstriche voneinander geschieden werden (Einheitlichkeit innerhalb einer Arbeit!).

Blasse blaue Marmorgötter (Dauthendey: Werke. Bd 4, S. 12)
Gestalten in blassem Blau und stierem Scharlach (S. 13)
Grüne Phosphorblässe auf Stirn, Wangen, um den Leib (S. 18)
die elfenbeinblassen Blüten (S. 30)

Der einem Zitat voraufgehende Satz schließt mit einem Doppelpunkt, wenn er das Zitat förmlich einleitet, sonst mit einem Punkt.

Wenn in einer Interpretation Begriffe des Textes bewußt wiederverwendet werden sollen, ist es nicht immer möglich, sie in ihrer jeweiligen Flexionsform in die eigenen Sätze einzubauen. Statt doppelter Anführungszeichen, die dem streng wörtlichen Zitat vorbehalten bleiben sollten, verwendet man in solchen Fällen besser einfache Anführungszeichen oder Unterstreichung (im Schriftsatz: Kursivschrift), wie sie im folgenden Abschnitt vornehmlich für sprachwissenschaftliche Arbeiten beschrieben werden.

Die Beispiele und Belege in sprachwissenschaftlichen Arbeiten setzt man meistens in einfache Anführungszeichen ‚...'. Die Wörter, auf die es im Zitat besonders ankommt, werden durch Unterstreichung (im Schriftsatz durch Kursivschrift) hervorgehoben. Buchstaben, Wörter, Wendungen und Sätze, von denen als solchen gesprochen wird, können durch Unterstreichung oder auch durch einfache Anführungszeichen hervorgehoben werden.

Die veraltete Vergleichspartikel *denn* findet man nur noch in der formelhaften Wendung ‚mehr *denn* je' und manchmal, wenn zwei *als* nebeneinanderstehen würden: ‚Er sprach mit mir mehr als Freund *denn* als Vorgesetzter.'

Standop (s. S. 17) empfiehlt für sprachwissenschaftliche Arbeiten, die viele fremdsprachliche Belege und Beispiele bringen, die Unterstreichung aller dieser Texte, wobei nur die Wörter, nicht die Satzzeichen und Wortzwischenräume unterstrichen werden sollen (S. 50ff.). Anführungszeichen sind dann nicht mehr nötig. Beigefügte Übersetzungen stehen in einfachen Anführungszeichen.

Der als erfüllbar gedachte Wunsch wird im Gotischen durch den Opt. Präs. bezeichnet: *nu fraleitais skalk þeinana* Luc. 2, 29 ‚Nun mögest du deinen Knecht entlassen'.

Dieses Verfahren ist für den Schriftsatz, wo statt der Unterstreichung die Kursivschrift anzuwenden ist, unbedingt zu empfehlen. In einem Typoskript besteht freilich die Gefahr, daß die vielen Unterstreichungen das Schriftbild verwirren. Wohl aus dieser Erwägung heraus erlaubt auch Standop für den Fall, daß nicht viele Übersetzungen notwendig sind, die Verwendung von einfachen Anführungszeichen. Gelegentliche Übersetzungen können dann in runden Klammern stehen. Auf diese Weise behält man auch die Möglichkeit, die Wörter, auf die es besonders ankommt, durch Unterstreichung hervorzuheben.

Der als erfüllbar gedachte Wunsch wird im Gotischen durch den Opt. Präs. bezeichnet: ‚nu *fraleitais* skalk þeinana' Luc. 2, 29 (‚Nun mögest du deinen Knecht entlassen').

Normale Zitate (vor allem aus der Sekundärliteratur) werden auch in sprachwissenschaftlichen Arbeiten in doppelte Anführungszeichen eingeschlossen.

Zitate im weiteren Sinne sind auch Titel von Büchern, Zeitschriften, Zeitungen, Aufsätzen und Gedichten. In den förmlichen Literaturangaben des Literaturverzeichnisses und der Fußnoten bedürfen sie keiner Hervorhebung. Innerhalb des zusammenhängenden Textes erhalten sie doppelte Anführungszeichen (über die verschiedenen Anführungszeichen im Schriftsatz s. u. S. 37).

Die angloamerikanische Gepflogenheit geht dahin, daß nur die Titel unselbständiger Publikationen (Aufsätze, Gedichte usw.) in Anführungszeichen gesetzt, die Titel selbständiger Publikationen (Bücher, Zeitschriften, Zeitungen, Theaterstücke usw.) hingegen regelmäßig unterstrichen, bzw. kursiv gesetzt werden sollen. Demgegenüber ist zu bedenken, daß die konsequente Befolgung dieser Grundsätze leicht zu einem verwirrenden Übermaß der Hervorhebungen führen kann. Dies gilt besonders für die Unterstreichungen im Typoskript, jedoch auch für den Kursivsatz. Deshalb sollte jedenfalls die Unterstreichung von Buchtiteln usw. auf solche Fälle beschränkt bleiben, wo es sich um eine echte Hervorhebung handelt, wo also ein Werk zum erstenmal mit Betonung genannt, gleichsam vorgestellt wird oder wo es im Mittelpunkt der betreffenden Ausführungen steht. In allen anderen Fällen sind Anführungszeichen weniger auffällig und für den Schreiber einfacher.

Zitate – sagten wir – sind Belege. Belege aber müssen nachprüfbar sein. Deshalb gehört zu jedem Zitat die Quellenangabe. Diese muß ganz eindeutig sein, darf andererseits so kurz sein wie möglich. Nun gibt es Quellen, die den Vorzug haben, in sich eingeteilt zu sein, so daß man eine nach dieser Einteilung bezeichnete Stelle in jeder Ausgabe findet und die Quellenangabe überdies sehr knapp gefaßt werden kann. Man denke an die Bibel. Auch die meisten antiken Texte haben eine solche Einteilung. Die Angabe *Hor. carm. 1, 22, 23* bezeichnet eindeutig den Vers ‚dulce ridentem Lalagen amabo‘.

Maßgebend für die Abkürzung der Namen und Werke lateinischer Autoren ist der *Thesaurus linguae Latinae*. Über die jeweils gebräuchliche Abkürzung unterrichtet man sich in dessen sogenannter Zitierliste: Thesaurus linguae Latinae. Index librorum scriptorum inscriptionum ex quibus exempla adferuntur. [Nebst] Supplementum. Lipsiae: Teubner 1904 und 1958.

Für einige antike Texte, denen die Einteilung in Verse oder Kapitel und Paragraphen fehlt, hat sich die Seitenzählung einer bestimmten Ausgabe eingebürgert. Dies gilt z.B. von den Schriften Platons, die nach der Ausgabe von Stephanus zitiert werden. In den neueren Ausgaben ist dessen Seiteneinteilung jeweils im Text oder am Rande vermerkt.

Die deutsche Philologie, auf den Schultern der klassischen stehend, ist mit den Texten der älteren deutschen Literatur ähnlich verfahren. Leider sind nicht wenige Texte von verschiedenen Herausgebern verschieden eingeteilt worden. Immerhin wird Walther von der Vogelweide einheitlich zitiert nach den Seiten und Zeilen der Ausgabe von Karl Lachmann. Herausgeber, die die Lieder in einer anderen Reihenfolge bringen, geben stets die Lachmannsche Zählung am Rande an und ermöglichen durch eine Konkordanz das Auffinden eines Zitates nach Lachmann. Für die Sammlung »Des Minnesangs Frühling« ist die Seiten- und Zeilenzahl der Erstausgabe maßgebend geblieben. Lachmanns (in Anlehnung an die besseren Handschriften vorgenommene) Einteilung des »Parzival« in Gruppen von je dreißig Versen wird von Karl Bartsch, der nach Büchern und Versen zählt, wenigstens zusätzlich angegeben. – Für die Praxis ergibt sich aus dem Gesagten: Bei der ersten Nennung wie auch bei *vereinzelten* späteren Anführungen eines Textes muß in der Quellenangabe genau die Ausgabe bezeichnet werden, nach der zitiert wird. Wird ein Text *häufiger* zitiert, führt man die benutzte Ausgabe im Literaturverzeichnis auf und kann sich dann – abgesehen von der ersten Nennung, die immer genau und eindeutig sein sollte, – auf knappe Quellenangaben nach der inneren Zählung des Textes beschränken, die hinter dem Zitat in runden Klammern stehen können.

Erste Nennung:
Hartmann von Aue: Der arme Heinrich. Hrsg. von Hermann Paul. 15.,
neu bearb. Aufl. besorgt von Gesa Bonath. Tübingen: Niemeyer 1984. (=
Altdt. Textbibliothek. Nr. 3.) v. 593 f.
Bei wiederholter Nennung:
Hartmann von Aue: Der arme Heinrich. v. 740.
Wenn Dichter und Werk im Kontext genannt sind, auch nur: v. 740.

In der neueren deutschen Literatur hat sich eine innere Zählung
der Dichtungen nur vereinzelt eingebürgert. Stellen aus Goethes
»Faust« und »Hermann und Dorothea« können und sollten denn
auch mit der Verszahl zitiert werden. Im übrigen haben meist nur
die großen Ausgaben (z. B. die Nationalausgabe der Werke Schil-
lers) Verszählungen, so daß der Leser fast immer die Ausgabe zur
Hand haben muß, nach welcher der Verfasser zitiert hat. Einen
Versuch, die Beschränkung auf bestimmte Ausgaben zu vermeiden, machte Rudolf Haller in seiner »Studie über den deutschen
Blankvers« (DVjs. 31 (1957) S. 380–424, vgl. bes. S. 385, Anm.
18), indem er nach Vorgang anderer jeweils Akt und Szene des
betreffenden Textes angab. Bei langen Szenen muß man dann
freilich länger suchen. Den Dank des Lesers verdienen sich jedenfalls diejenigen Verfasser, die solche Angaben (Akt und Szene oder
Kapitel) zusätzlich zur Band- und Seitenzahl der benutzten Ausgabe bringen.

Die Möglichkeit, dank einer inneren Zählung der Texte die
Zitate in allen Ausgaben nachschlagen zu können, ist also bei
Werken der neueren deutschen Literatur nur selten gegeben. Den
Vorteil, die Quellenangaben kurz formulieren und gleich hinter das
Zitat setzen zu können, kann man sich immerhin auch hier verschaffen. Bei Interpretationen, die viele kurze Belege aus einer
einzigen Dichtung oder aus dem Gesamtwerk eines einzigen
Autors anführen, unterrichtet man in einer Vorbemerkung, vielleicht auch in der ersten Fußnote, den Leser, nach welcher Ausgabe
zitiert wird, und braucht dann in der Folge nur noch Band- und
Seitenzahl zu nennen. Sollen mehrere Werke abgekürzt zitiert
werden, tritt an die Stelle einer solchen Vorbemerkung ein Abkürzungsverzeichnis, in dem für die einzelnen Werke Siglen eingeführt
werden.

In einer Arbeit über Johannes Schlaf, von dessen Schriften es keine
Gesamtausgabe gibt, die einheitlich zitiert werden könnte, wären folgende
Siglen denkbar:

Dd. = Schlaf, Johannes: In Dingsda. – Berlin: Fischer 1892.
FuA. = Schlaf, Johannes: Frenderchen und Anderes. Novellen. – Leipzig u. Berlin: Grethlein [1907].
Pr. = Schlaf, Johannes: Der Prinz. Roman. Bd 1. 2. – München u. Leipzig: Georg Müller 1908.
St. = Schlaf, Johannes: Sommertod. Novellistisches. – Leipzig: Verl. Kreisende Ringe 1897.

Diese Siglen nebst Seitenzahl, evtl. Band- und Seitenzahl, können dann ebenfalls gleich hinter dem Zitat stehen. Dadurch wird das Schreiben des Manuskripts wie auch seine Lektüre sehr erleichtert. Die Zahl der Siglen sollte allerdings nicht so groß werden, daß der Leser die Übersicht verliert. In diesem Fall ist es besser, wenigstens das regierende Substantiv voll auszuschreiben, also *Dingsda, Frenderchen, Prinz, Sommertod* u. ä.

Über die Quellenangabe durch Nennung von Autor und Erscheinungsjahr s. S. 84.

In Lexika und Wörterbüchern bieten die alphabetisch geordneten Stichwörter eine Art innerer Gliederung. Stammen die Artikel von verschiedenen, namentlich bezeichneten Verfassern, werden sie wie Aufsätze aus einem Sammelwerk zitiert (s. u. S. 65). Ist die Verfasserschaft nicht erkennbar oder ist das ganze Werk von *einem* Verfasser, nennt man Seitenzahl und Stichwort, z. B.:

Friedrich Kluge u. Alfred Götze: Etymologisches Wörterbuch der deutschen Sprache. 15. Aufl. Berlin: de Gruyter 1951. S. 159 unter ‚Eichhorn‘. [Statt *unter* ist auch *s. v.* (sub voce) üblich.]

Für die Schreibung der Band- und Seitenzahlen sei erwähnt, daß die Bandangabe von der Seitenangabe und mehrere Seitenangaben voneinander durch Kommata getrennt werden: *Bd 5, S. 79.* und *S. 5, 9, 18, 27.* Zwischen Stellenangaben aus verschiedenen Bänden stehen Strichpunkte: *Bd 1, S. 4, 38; Bd 3, S. 112; Bd 4, S. 87.* Die Stellenangabe schließt mit einem Punkt oder, wenn sie in den Text eingeschoben ist, mit der schließenden Klammer.

Falls die Quelle keine Seitenzählung aufweist (so oft bei Handschriften, aber auch bei Drucken des 15. bis 17. Jahrhunderts), zählt man nach Lagen und Blättern innerhalb der Lagen (bei Drucken Bogensignaturen beachten!). Die Vorderseite und die Rückseite eines Blattes werden durch die Buchstaben *r* (d. i. ‚recto folio‘) und *v* (d. i. ‚verso folio‘) unterschieden. Die zuweilen auch hierfür verwendeten kleinen Buchstaben *a* und *b* sollten besser wie von alters her der Spaltenbezeichnung vorbehalten bleiben. Handelt es sich um ein Vorwort oder einen Anhang auf wenigen nicht gezählten Seiten, genügt es, in der Quellenangabe zu schreiben *Vorwort (unpag.)*, d. h. unpaginiert, oder ähnlich.

IV. Die Anmerkungen

In den Anmerkungen finden zunächst alle die Quellenangaben ihren Platz, die für den Text zu umfangreich sind. Außerdem kann, wenn dies nicht besser im Text geschieht, in den Anmerkungen auf Vorarbeiten hingewiesen werden, denen der Verfasser etwa folgt, ohne sie wörtlich zu zitieren. Solche Hinweise (z. B. „Den folgenden Ausführungen liegt ... zugrunde"; s. auch unsere Fußnote S. 17) sind eine Dankespflicht und werden durch Nennung der betreffenden Schrift im Literaturverzeichnis nicht überflüssig. Endlich ist in den Anmerkungen Platz für Ausführungen, die, im Text stehend, den Gang der Untersuchung stören würden, aber wichtig genug sind, dem Leser mitgeteilt zu werden. Dabei kann es sich handeln um die Formulierung von Fragen, die der Verfasser bewußt machen möchte, ohne ihnen weiter nachgehen zu können, um die Abwehr möglicher Einwände oder auch um Hinweise auf Untersuchungen, die, von anderen Fragestellungen ausgehend, zu ähnlichen Ergebnissen kamen. ADOLF HARNACK nannte in seinem Vortrag »Über Anmerkungen in Büchern« solche Fußnoten „veredelte Anmerkungen" (in: Adolf Harnack: Aus Wissenschaft und Leben. Bd 1. Gießen: Töpelmann 1911. S. 148 – 162, bes. S. 161). Durch die kleinen, aber entschiedenen Fingerzeige oder Obertöne, die sie gäben, erhalte der Leser ein viel lebendigeres Bild oder einen feiner und vollständiger ausgeführten Gedanken. Von dieser Möglichkeit soll man aber nur dann Gebrauch machen, wenn derartige Hinweise im Text selbst die Verfolgung des Hauptgedankens störend unterbrächen. Harnack schloß seinen Vortrag mit Geboten für den Gebrauch von Anmerkungen, die so beherzigenswert sind, daß wir sie hier wiederholen möchten:

1. Fasse deinen Text so, daß er auch ohne die Anmerkungen gelesen werden kann.
2. Vergiß nicht, daß es auch Parenthesen im Texte gibt und Exkurse am Schlusse des Buchs, welche Anmerkungen ersetzen können.
3. Sei sehr sparsam mit Anmerkungen und wisse, daß du deinem Leser Rechenschaft geben mußt für jede unnütze Anmerkung; er will in deinen Anmerkungen ein Schatzhaus sehen, aber keine Rumpelkammer.
4. Halte dich nicht für zu vornehm, um Anmerkungen zu machen, und wisse, daß du niemals so berühmt bist, um dir Beweise ersparen zu können.
5. Schreibe keine Anmerkung, weil du in der Darstellung etwas vergessen hast; schreibe überhaupt die Anmerkungen nicht nachträglich.

6. Schreibe nichts in die Anmerkung, was den Text in Frage stellt, und schreibe auch nichts hinein, was wichtiger ist als der Text.

7. Betrachte die Anmerkungen nicht als Katakomben, in denen du deine Voruntersuchungen beisetzest, sondern entschließe dich zur Feuerbestattung.

8. Mache die Anmerkungen nicht ohne Not zum Kampfplatz; tust du es, so stelle deinen Gegner so günstig auf wie dich selbst.

9. Versuche es, die Kunst zu lernen, durch Anmerkungen die lineare Form der Darstellung zu ergänzen, Akkorde anzuschlagen und Obertöne zu bringen; aber spiele kein Instrument, das du nicht verstehst, und spiele dieses Instrument nur, wenn es nötig ist.

10. Stelle die Anmerkungen stets dorthin, wohin sie gehören, also nicht an den Schluß des Buchs – es sei denn, daß du eine Rede drucken läßt – [...]

Die letzte dieser Regeln wird häufig nicht beachtet und ist auch angefochten worden. Gewiß erfordert es bei maschinenschriftlichen Arbeiten erhöhte Sorgfalt und Aufmerksamkeit, die Seiten so zu beschriften, daß die zugehörigen Fußnoten noch Platz finden. Trotzdem sollte der Schreiber sich diese Mühe machen, da das stete Blättern zum Aufsuchen etwa angehängter Anmerkungen die Lektüre störend unterbricht und überaus lästig ist.

Lediglich in Manuskripten, die für den normalen Buchdruck bestimmt sind, fügt man die Anmerkungen am Schluß der Arbeit an, da sich beim Satz die Verteilung auf die Seiten ohnehin ändert und es für den Setzer einfacher ist, die Fußnoten, die ja immer in einem kleineren Schriftgrad gesetzt werden, zunächst hintereinander zu setzen. Dazu ist es zweckmäßig, sie durchzunumerieren, und zwar mit arabischen Zahlen. Mittels zusätzlicher Buchstaben können auch bei der Durchnumerierung später noch einzelne Fußnoten eingefügt werden. Ist die Arbeit sehr lang, zählt man die Anmerkungen kapitelweise durch. In diesem Fall müssen sie aber in der endgültigen Gestalt – sei es Druck oder Reinschrift – unbedingt als Fußnoten erscheinen. Keinem Leser kann stets bewußt sein, den wievielten Abschnitt einer Arbeit er gerade liest; es ist deshalb unzumutbar, daß er aus mehreren Reihen von Anmerkungen (zu Kapitel 1, 2, 3 usf.) jeweils erst die richtige Reihe heraussuchen muß.

Die Ziffern, die im Text auf die Fußnoten verweisen, werden eine halbe Zeile hochgestellt und schließen sich an den letzten Buchstaben oder an das letzte Satzzeichen ohne Zwischenraum (d.h. für die Schreibmaschine: ohne Leeranschlag) an. Bezieht sich die Anmerkung auf ein einzelnes Wort oder einen Teil des Satzes, steht die Hinweiszahl vor einem etwa vorhandenen Satzzeichen, bezieht sie sich aber auf den ganzen Satz, folgt die Hinweiszahl dem schließenden Punkte. Diese im Ausland und zunehmend auch in Deutschland übliche Handhabung verdient den Vorzug gegenüber einer Duden-Vorschrift, nach der die Fußnotenziffer *immer* vor dem Satzzeichen stehen soll. Erst recht sollte man die Fußnotenziffer nicht vor ein schließendes Anführungszeichen setzen, da sie doch nicht in das Zitat selbst gehört.

Im Buchdruck stehen die Fußnotenziffern meist ohne Klammern. Sie heben sich schon durch den kleineren Schriftgrad gut ab. Im Schreibmaschinenmanuskript ist dies nicht der Fall. Wir halten deshalb hier die Anwendung einer halben runden Klammer hinter der Ziffer für nützlich, wobei auch die Klammer eine halbe Zeile hochgestellt werden muß. Hinter einem engzeilig geschriebenen Text ist es meist nicht möglich, die Fußnotenziffer eine halbe Zeile hochzustellen, da sie dann in die vorhergehende Zeile geriete. Man sollte sich dann nicht mit kleineren Abständen abmühen, die auf der Schreibmaschine nie gleichmäßig werden, sondern die Ziffer einfach ganz einklammern und so deutlich hervortreten lassen, z.B. *(15)*.

Die Fußnoten selbst müssen deutlich vom Text abgesetzt werden. In der Zeile, die auf die letzte Textzeile folgt, bildet man vom linken Rande des Satzspiegels aus eine geschlossene Linie mit etwa 15 Anschlägen. Die folgende Zeile bleibt frei. In der nächsten beginnt dann die erste Fußnote der Seite, und zwar um drei Anschläge eingerückt. Die Ziffer nebst Klammer wird wieder eine halbe Zeile höher gesetzt. Eine zweite und die folgenden Zeilen der Anmerkung können am linken Rand beginnen. Die Fußnoten selbst werden einzeilig geschrieben, voneinander jedoch durch eine zusätzliche halbe Zeile abgesetzt. Außerdem soll die erste Zeile auch der folgenden Fußnoten jeweils um drei Anschläge eingerückt werden.

Zum Stil der Fußnoten sei hier nur soviel gesagt, daß sie knapper als der Text gefaßt sein sollen. Abkürzungen wie *vgl.* (vergleiche), *s.* (siehe), *u. dgl.* (und dergleichen) sind hier erlaubt und am Platze.

V. Das Literaturverzeichnis

Zu einer größeren wissenschaftlichen Arbeit, insbesondere zu Dissertationen, gehört ein Literaturverzeichnis. Aber auch bei

Arbeiten kleineren Umfangs (Seminararbeiten) empfiehlt es sich, die benutzte Literatur übersichtlich zusammenzustellen, vor allem dann, wenn Literatur benutzt wurde, die an einer Stelle der Arbeit ausdrücklich anzuführen keine Veranlassung bestand. Eine solche Zusammenstellung wird man dann freilich nicht ‚Literaturverzeichnis‘, sondern – bescheidener – ‚Benutzte Bücher‘ oder ähnlich nennen. Die Überschrift ‚Bibliographie‘ insbesondere gebrauche man nur dann, wenn das Verzeichnis Vollständigkeit anstrebt.

Erste Voraussetzung eines guten Literaturverzeichnisses ist, daß die einzelnen Titelangaben vollständig und genau sind. Da dies ein ausgedehntes und schwieriges Gebiet ist, widmen wir ihm den ganzen zweiten Teil der vorliegenden Anleitung. Wir wollen hier voraussetzen, daß die Titel der Bücher und Aufsätze richtig aufgenommen sind, wollen auch voraussetzen, daß die Ratschläge unserer Einleitung befolgt wurden, die Titel also auf bequem zu ordnenden Zetteln vorliegen.

Dann stellt sich als zweite Aufgabe die Auswahl der in das Literaturverzeichnis aufzunehmenden Titel. Bei jeder wissenschaftlichen Arbeit wird mehr Literatur gelesen und angelesen als schließlich für die Arbeit wirklich wertvoll ist. Nur diese Literatur aber soll im Literaturverzeichnis aufgeführt werden, es sei denn, daß ein Titel ausdrücklich auf das Thema Bezug hat und der Leser den Eindruck bekommen könnte, die entsprechende Schrift sei dem Autor unbekannt geblieben. Aus dem gleichen Grunde darf man ausnahmsweise auch einmal einen Titel aufführen, den man, weil er in der zur Verfügung stehenden Zeit nicht zu beschaffen war oder weil er erst nach Fertigstellung der Arbeit erschien, gar nicht zu Gesicht bekommen hat. Dann ist aber ein entsprechender Hinweis erforderlich.

Die Nennung eines Buches im Literaturverzeichnis ersetzt nicht die ausdrückliche Quellenangabe an Stellen, wo aus diesem Buch Formulierungen oder Gedanken übernommen wurden.

Schließlich müssen die Titelangaben in eine zweckmäßige Ordnung gebracht werden. Bei philologischen wie historischen Arbeiten empfiehlt sich in der Regel die Trennung in *Quellen* und *Darstellungen*. Innerhalb dieser Gruppen ordnet man meist alphabetisch. Verschiedene Werke *eines* Verfassers werden nach der alphabetischen Folge der Sachtitel geordnet (vgl. S. 78). Übersetzungen folgen jeweils den Originalen. Den Einzelschriften gehen die Gesammelten Werke, Teilsammlungen, Fragmentsammlungen und Sammlungen von Auszügen (,Blumenlesen') voran.

Zuweilen findet man Literaturverzeichnisse, die nach den einzelnen Kapiteln geordnet sind. Dies ist nur dann empfehlenswert, wenn damit zugleich eine *systematische Ordnung* gegeben ist, z. B. in der Bibliographie zu Wolfgang Kaysers Buch »Das sprachliche Kunstwerk« (19. Aufl. Bern u. München: Francke 1983) oder in Paul Raabes bereits erwähnter (s. S. 1) »Einführung in die Bücherkunde zur deutschen Literaturwissenschaft«. Schon an diesen Beispielen sieht man, daß eine derartige Ordnung vor allem für Bibliographien, die Vollständigkeit oder wenigstens Reichhaltigkeit anstreben, in Frage kommt.

Das gleiche gilt für die *chronologische Ordnung*. Sie ist dann am Platze, wenn das Gesamtwerk eines Dichters oder auch die Sekundärliteratur über ein Thema oder einen Dichter in ihrer Entwicklung aufgeführt werden soll. Meist wird eine Einteilung nach Jahren ausreichen. Ist bei der Mehrzahl der zu verzeichnenden Schriften eine nähere Bestimmung des Datums möglich, stellt man das Datum in die Folge: Jahr – Monat – Tag, z. B. Weihnachten 1960 = 1960 – 12 – 25 oder 4. März 1895 = 1895 – 03 – 04. Ordnet man diese Daten in aufsteigender Folge, kommen innerhalb eines Jahres vorneweg die Titel, von denen nur das Jahr des Erscheinens bekannt ist, und innerhalb der Monate vorneweg alle Veröffentlichungen, von denen man nur den Monat weiß. Jede Publikation wird also nach dem frühest möglichen Zeitpunkt des Erscheinens eingeordnet.

Als Beispiel eine Folge von Zeitungs- und Zeitschriftenveröffentlichungen GERHART HAUPTMANNS:

1924–11–15	Ein Brief Gerhart Hauptmanns (vom 12. 11. 1924). An die Demokraten in Anhalt (Bürgermeister Hesse in Dessau). – In: Berliner Tageblatt. Nr 544 v. 15. 11. 1924, S. 1.
1924–12–25	Hauptmann über seine „Gespräche". Ein Brief (an Joseph Chapiro vom 12. 12. 1924). – In: Berliner Tageblatt. Nr 611 v. 25. 12. 1924, 1. Beiblatt.
1924–12–25	Fragment aus dem unvollendeten Drama „Der Dom". – In: Frankfurter Ztg. Nr 963 v. 25. 12. 1924. Weihnachtsbeilage, S. 2.
1924–12–29	[Telegramm an den Reichspräsidenten Ebert aus Anlaß eines Magdeburger Schöffengerichtsurteils, das Ebert für des Landesverrats schuldig erklärt hatte.] – In: Berliner Tageblatt. Nr 615 v. 29. 12. 1924, S. 3 „Für den Reichspräsidenten/

Weitere Erklärungen aus dem Reich und von Auslandsdeutschen."

1925–01   Till Eulenspiegel [Ein Stück aus dem 5. Abenteuer]. – In: Die Neue Rundschau 36, H. 1 (Jan. 1925) S. 21–28.

1925–01–03   Morgen [Gedicht, datiert: Locarno, am 15. April 1919]. – In: Das Tagebuch, geleitet von Stefan Großmann u. Leopold Schwarzschild. Jg. 6, H. 1 (3. 1. 1925) S. 16.

VI. Das Schriftbild

In den Abschnitten über den Titel, das Zitat und die Anmerkungen ist deren schriftliche Form schon geschildert worden (vgl. S. 11f., 17ff. u. 24f.). Hier sollen die allgemeinen Richtlinien für die Gestaltung des Typoskripts zusammengestellt werden; denn ,Manuskripte' sind heute in der Regel ,Typoskripte'. Bei Staatsexamens- und Doktorarbeiten ist es jedenfalls selbstverständlich, daß sie maschinenschriftlich eingereicht werden, und bei Seminararbeiten ist es die Regel. Die Vorteile der Schreibmaschine liegen auf der Hand: das Typoskript kann sofort in mehreren Exemplaren hergestellt werden (immer wenigstens einen Durchschlag anfertigen!) und ist vor allem leicht lesbar. Falls ausnahmsweise die Benutzung einer Schreibmaschine nicht möglich ist, bemühe man sich, besonders deutlich, nämlich steil und die Buchstaben gut ausformend, zu schreiben.

Die Benutzung der Schreibmaschine empfiehlt sich allerdings erst für die Reinschrift oder deren unmittelbare Vorstufe. Das erste Konzept schreibt man besser mit der Hand, weil man dann leichter korrigieren kann und auch noch eher zu korrigieren bereit ist. Der maschinenschriftliche Text erscheint zu schnell als fertig und endgültig.

Für die Reinschrift verwendet man reinweißes, holzfreies Papier im Format DIN A 4, das sogenannte ,Schreibmaschinenpapier'. Sein Gewicht ist normalerweise 70g/qm. Leichter sollte das Papier nicht sein, damit die Schrift der folgenden Blätter nicht zu sehr durchscheint, was die Lektüre erschweren würde.

Farbbänder aus Naturseide geben ein besonders gleichmäßiges Schriftbild. Schwarze Farbbänder sind zu bevorzugen. Bei Vorlagen für den Photodruck dürfen blaue oder farbige Bänder keinesfalls verwendet werden. Man nehme auch schwarzes Kohlepapier.

Zeichen, die auf der Maschine fehlen (z. B. griechische Buchstaben, das gotische þ, eckige und spitze Klammern), werden mit schwarzer Tusche oder schwarzem Kugelschreiber eingezeichnet. Blaue Tinte fällt zu sehr auf. Bei Photodruckvorlagen verwendet man nur schwarze Tusche, da der Kugelschreiber zu ungleichmäßig Farbe gibt.

Die Schreibmaschinentypen sind vor Beginn der Reinschrift und dann jeweils nach Beschriftung von etwa zehn Seiten gut zu reinigen, wobei auf die kleinen geschlossenen Buchstaben (e, a, o) besonders geachtet werden muß.

Bei Vorlagen für den Photodruck, die in der Regel von DIN A 4 auf DIN A 5 verkleinert werden, muß die Schreibmaschinentype von normaler Schriftgröße (also nicht Perlschrift) sein.

Es wird grundsätzlich einseitig beschriftet, weil die Beschriftung der Rückseite auf der Vorderseite durchscheinen würde und umgekehrt. Außerdem wäre das Neuschreiben verschriebener Seiten sonst oft mit erheblich mehr Arbeit verbunden. Auch die erste Niederschrift (auf Konzeptpapier) sollte man einseitig schreiben. Dann ist es nämlich möglich, bei einer Umarbeitung des Textes Abschnitte, die unverändert übernommen werden können, aus den Seiten herauszuschneiden und in den neuen Zusammenhang einzukleben, ohne daß rückseitige Aufzeichnungen unbrauchbar würden. Außerdem empfiehlt es sich, schon und gerade in der ersten Niederschrift zwischen den Zeilen reichlich Abstand zu halten und einen breiten Rand freizulassen (links! rechts würde er doch häufig überschrieben!), damit Änderungen und kleine Einschübe bequem und übersichtlich Platz finden.

Der Zeilenabstand der Reinschrift muß mindestens anderthalbzeilig sein. Wenn – auf älteren Maschinen – eine anderthalbzeilige Einstellung nicht möglich ist, schreibe man zweizeilig und nicht einzeilig. Lediglich längere Zitate, die um fünf Leeranschläge eingerückt werden, und die einzelnen Fußnoten kann man mit einfachem Zeilenabstand schreiben (vgl. S. 17 und 25). Als späteren Träger von Korrekturnotizen sollte man bei der Reinschrift einen Durchschlag mitlaufen lassen.

Oben läßt man einen Rand von 4 cm. Auch links soll der Rand wenigstens 4 cm breit sein. Bei Arbeiten, die beurteilt werden sollen, und bei Manuskripten, die für den Satz bestimmt sind, empfiehlt sich sogar ein Rand von 6 cm, damit für Beurteilungen, bzw. für Berichtigungen und kleine Ergänzungen Platz vorhanden ist. Rechts bleiben 2 cm frei. Der untere Rand sollte etwa 3 cm, mindestens 2,5 cm betragen. Es ist besser, etwas früher als zu spät eine neue Seite zu beginnen. Dies gilt besonders, wenn auf die neue Seite nur ein kleiner Rest des Abschnitts oder Kapitels zu stehen kommt.

Die Seitenzahl steht 2 cm von der oberen Papierkante entfernt über der Mitte des Textes und wird in Gedankenstriche eingeschlossen. Will man sie seitlich stellen, muß sie bei Photodruckvorlagen auf Seiten mit ungerader Nummer rechts, auf Seiten mit gerader Nummer links oben stehen, da für den Druck selbst ja auch die Rückseiten verwendet werden.

Nach einem Vorschlag von Hardy Christen (Über den Photodruck von Dissertationen. Zürich: Juris-Verl. 1955. S. 4) läßt sich die Einhaltung der Ränder erleichtern, indem man zwischen Schreib- und Kohlepapier eine Schablone einlegt, auf der die einzuhaltenden Ränder so kräftig mit schwarzer Tusche eingezeichnet sind, daß sie durchscheinen. Nach der Skizze auf S. 31 kann man sich eine solche Schablone leicht selbst anfertigen. Am besten nimmt man normales Schreibmaschinenpapier dazu. Die Anfertigung von wenigstens zwei Durchschlägen ist dann noch ohne weiteres möglich. Vor allem der rechte Rand, die vertikale Achse und die untere Begrenzung mit den beiden verschieden langen Warnlinien sind dabei wichtig: der rechte Rand, weil hier die Gefahr des Auszackens besteht, die Mittellinie zum leichten Zentrieren der Überschriften und Seitenzahlen, die untere Begrenzung mit den Warnlinien endlich zum rechtzeitigen Beginnen mit den Fußnoten und zum pünktlichen Seitenwechsel. Bei normaler Schriftgröße müssen die Warnlinien 6 cm und 2 cm über der unteren Begrenzung des Schriftspiegels liegen.

Die zwischen den Abschnitten einer Arbeit einzuhaltenden Zwischenräume werden nach dem Umfang und der Bedeutung der Abschnitte bemessen. Die kleinste Unterteilung ist der ‚Absatz'. Der Anfang eines Absatzes wird eingerückt (3 Anschläge bei engzeiligem, 5 Anschläge bei 1½zeiligem Text). Ein breiter Zeilenabstand zum vorhergehenden Absatz ist nicht erforderlich. Ein solcher Abstand charakterisiert den Beginn eines neuen ‚Abschnitts'. Hier nimmt man den doppelten Zeilenabstand, d.h. man betätigt zweimal den Zeilenhebel der Schreibmaschine, so daß eine

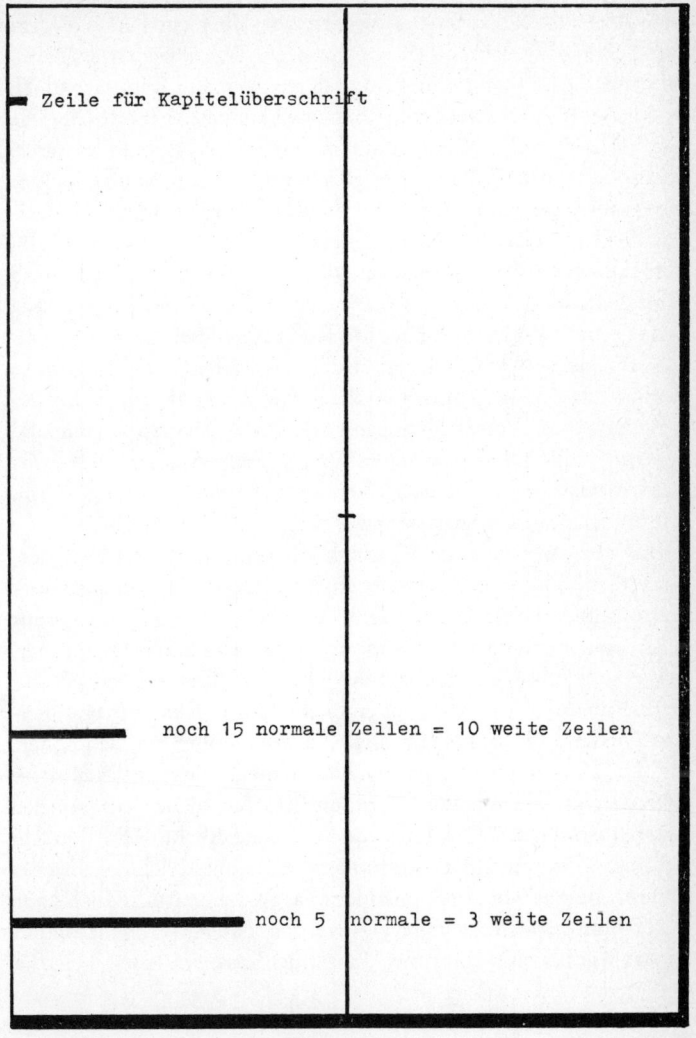

Zeile für Kapitelüberschrift

noch 15 normale Zeilen = 10 weite Zeilen

noch 5 normale = 3 weite Zeilen

Leerzeile bei engzeiligem und zwei Leerzeilen bei 1½zeiligem Text entstehen. Vor den Unterabschnitten eines Kapitels, die eine eigene Überschrift haben, bleiben 3½Zeilen frei. Man schaltet also dreimal um 1½ Zeilen weiter. Zwischen den Überschriften und dem Textbeginn schaltet man zweimal um 1½ Zeilen weiter, so daß – wie zwischen Abschnitten – 2 Zeilen frei bleiben. ,Kapitel' endlich und größere Teile einer Arbeit beginnen auf einer neuen Seite. Die Kapitelüberschrift steht 6 cm vom oberen Papierrand entfernt. Auch der Abstand zwischen Überschrift und Textanfang oder untergeordneter Überschrift wird hier etwas größer (dreimal schalten = 3½ freie Zeilen) bemessen.

Die Überschriften werden in der Schreibung gleichfalls nach ihrer Bedeutung unterschieden. In der Regel dürften drei Stufen ausreichen: Großbuchstaben für die Kapitelüberschriften (I, II, III), zentrierte Normalschrift für die Abschnitte (1, 2, 3) und links beginnende Normalschrift für die Unterabschnitte (a, b, c). Bei weitergehender Unterteilung kann man durch Unterstreichung und Sperrung differenzieren. Die Worte *Teil, Kapitel, Abschnitt* schreibt man in den Überschriften mit gewöhnlichen Buchstaben, also nicht groß oder gesperrt.

Zur Hervorhebung stehen für das Typoskript als solches Sperrung, Großbuchstaben und Unterstreichung zur Verfügung (über die Auszeichnungen für den Schriftsatz s.S. 36). Durch Sperrung kann man, wenn dies überhaupt nötig ist, den Hauptbegriff innerhalb eines Absatzes auszeichnen. Großbuchstaben sollten den Kapitelüberschriften vorbehalten bleiben. Allenfalls kann man Personennamen, die besonders stark hervorgehoben werden sollen, mit Großbuchstaben schreiben. Die Unterstreichung kommt für Buchstaben, Wörter und Wendungen, von denen als solchen gesprochen wird, und für hervorzuhebende Buchtitel in Betracht (vgl. S. 19, wo auch die Funktionen der Unterstreichung und der Anführungszeichen gegeneinander abgegrenzt sind). Endlich kann durch Unterstreichung angezeigt werden, daß ein Wort besonders betont werden soll: ,Nur *ein* Mann blieb zurück.'

Einige allgemeine Regeln für das Maschinenschreiben (DIN 5008) werden oft nicht berücksichtigt und mögen deshalb hier in Erinnerung gebracht werden:
Die Typen für die Buchstaben *ß, ä, ö, ü* sind grundsätzlich zu benutzen. Nur dann, wenn sie fehlen, ersetzt man sie durch *ss, ae, oe, ue*. Ist das

Manuskript für den Setzer bestimmt, ändert man wenigstens die *ss* bei der Durchsicht des Manuskripts mit der Hand um, damit – vor allem bei Eigennamen – Zweifel und Fehler vermieden werden.

Wenn die Ziffern *0* und *1* fehlen, sind dafür der Großbuchstabe *O* und der Kleinbuchstabe *l* (nicht etwa der Großbuchstabe *I*) zu schreiben.

Ein Leeranschlag folgt auf jedes ausgeschriebene, abgekürzte oder durch (immer drei) Auslassungspunkte angedeutete Wort, auf Zahlen und Satzzeichen. Er entfällt vor den Satzzeichen; auch das Frage- und das Ausrufezeichen werden unmittelbar an das vorhergehende Wort angeschlossen. Der Leeranschlag entfällt ferner vor den Fußnotenziffern (vgl. S. 24). Anführungszeichen und Klammern stehen ohne Leeranschlag vor und nach den eingeschlossenen Satzteilen. Steht ein selbständiger Satz in der Klammer, wird der schließende Punkt mit eingeklammert.

Das Silbentrennungszeichen dient auch als Bindestrich und Gedankenstrich, als Silbentrennungszeichen und Bindestrich ohne, als Gedankenstrich mit voraufgehendem und nachfolgendem Leeranschlag.

Gesperrt geschriebene Wörter werden durch drei Leeranschläge voneinander und vom übrigen Text getrennt. Zahlen werden nicht gesperrt.

Schreibfehler werden sich auch bei sorgfältigem Arbeiten nicht ganz vermeiden lassen. Zur Korrektur einzelner Buchstaben oder sogar Wörter ist man heute nicht mehr auf das Radieren angewiesen. Mit Korrekturflüssigkeit (Tippex) abgedeckte Stellen können neu beschrieben werden. Bei Photodruckvorlagen können fehlerhafte Stellen auch durch Überkleben mit entsprechenden, typenrein beschriebenen Streifen gleichen Papiers korrigiert werden. Sind umfangreichere Verbesserungen nötig, sollte die betreffende Seite neu geschrieben werden.

Seminararbeiten und Entwürfe von Dissertationen, die dem Doktorvater zur ersten Begutachtung vorgelegt werden, heftet man in Schnellhefter; Staatsexamensarbeiten und offiziell eingereichte Dissertationen müssen fest gebunden sein.

VII. Der ‚Photodruck‘ und der Schriftsatz

Die hier zu behandelnden Fragen betreffen in erster Linie den Druck von Dissertationen. Fast alle Universitäten in Westdeutschland und West-Berlin (vornehmlich die Philosophischen Fakultäten) haben den während des Krieges und in der Nachkriegszeit aufgehobenen Druckzwang wieder eingeführt.

Die Anforderungen, die die einzelnen Fakultäten an den Druck stellen, sind unterschiedlich. Die Zahl der Pflichtexemplare dürfte meist bei 150 liegen. Sie ist niedriger, wenn die Dissertation im Buchhandel oder als Zeitschriftenbeitrag erscheint. Es empfiehlt sich immer, für persönliche Zwecke und für private Interessenten 20 bis 50 Exemplare mehr drucken zu lassen. Der Preisunterschied für diesen Mehrdruck ist sehr gering. Manche Fakultäten verlangen beim Photodruck eine besonders gleichmäßige Schrift und Typen, die die Benutzung einer Spezial-Schreibmaschine (z. B. IBM-Maschine) für die Herstellung der Vorlage erforderlich machen. Es gibt Universitäten, denen eine Druckerei angeschlossen ist, die das Schreiben der Vorlage und die Vervielfältigung übernimmt. Deshalb ist es ratsam, daß sich der Doktorand rechtzeitig (spätestens vor Beginn der Reinschrift) bei der Fakultät nach der jeweiligen Regelung dieser Fragen erkundigt, damit die Reinschrift unter Umständen so angefertigt werden kann, daß sie als Vorlage für den Photodruck verwendbar ist.

Zulässig sind sowohl Buchdruck als auch Photodruck. Der Buchdruck kommt wegen der hohen Satzkosten eigentlich nur in Frage, wenn die Dissertation gleichzeitig im Buchhandel oder in einer Zeitschrift erscheint. In der Mehrzahl der Fälle wird der billigere Photodruck (richtiger: Kleinoffsetdruck) vorzuziehen sein.

Beim Kleinoffsetdruck (z. B. Rotaprint) ist Träger des Schriftbildes eine einseitig gerauhte und dadurch fettempfindliche Aluminiumfolie. Diese kann erstens direkt beschriftet werden: maschinenschriftlich unter Benutzung von autographischem (fetthaltigem) Farbband, handschriftlich mit fetthaltigem Kugelschreiber oder mit Fettkreide. Korrekturen werden mittels eines Glaspinsels oder mit Hilfe von flüssigem ‚Corrigin‘ durchgeführt. Häufiger (bei der Vervielfältigung von Dissertationen fast immer) wird das Schriftbild photomechanisch übertragen, indem die auf normalem Papier geschriebene Vorlage photographiert und auf die mit lichtempfindlichem Material beschichtete Aluminiumfolie kopiert wird. In der folgenden Entwicklung, Fixierung und Härtung der Folie werden die belichteten Stellen (d. i. das nun wieder positive Schriftbild) durch eine fettfreudige Farbe hervorgehoben, während die unbelichteten Stellen, die später nicht drukken, also keine Farbe annehmen sollen, der sogenannten ‚Wasserführung‘ zugänglich gemacht werden, d. h. hier wird die anfangs erwähnte feinkörnige Rauhung der Folie aufgeweitet. Die Technik des Offsetdrucks beruht nämlich auf der gegenseitigen Abstoßung von Fett und Wasser. Die nicht druckenden Teile werden gefeuchtet, so daß die fetthaltige Farbe nicht an ihnen haftet. Die druckenden Teile hingegen, die mit fetthaltiger oder fettfreudiger Farbe versehen sind, nehmen kein Wasser, sondern immer nur wieder die fetthaltige Druckfarbe an. Auf diese Weise kann von einer glatten Fläche gedruckt werden (‚Flachdruck‘). Die auf den sogenannten

Formzylinder der Druckmaschine gespannte Metallfolie, die so abwechselnd gefeuchtet und eingefärbt wird (bei Rotaprint-Maschinen sind diese Vorgänge in einem sog. ‚Hydro-Color-Werk' zusammengefaßt), druckt aber nicht selbst, sondern setzt das Schriftbild auf einen Gummizylinder ab (daher ‚off set'), auf dem es seitenverkehrt erscheint, und dieser erst bedruckt das Papier, das durch die Widerdruckwalze gegen ihn gepreßt wird.

Aus der Technik dieses Verfahrens ergeben sich die schon im vorigen Kapitel genannten Forderungen an die Vorlage: reinweißes Papier und tiefschwarze Beschriftung (gutes Farbband und schwarze Tusche) zur Erzielung einer kontraststarken Aufnahme und also eines scharfen Druckbildes; anderthalbzeilige Beschriftung in normaler Maschinenschrift, damit bei der Verkleinerung auf DIN A 5 die Schrift nicht zu eng und zu klein wird. Außerdem sei noch erwähnt, daß für Zeichnungen auf Millimeterpapier (graphische Darstellungen) nur Millimeterpapier mit roten Linien verwendet werden darf, niemals blaues oder transparentes Millimeterpapier. Abbildungen, auch Faksimile-Wiedergaben von Handschriften, Urkunden und Karten, sind im Kleinoffsetdruck möglich und sogar besonders preiswert, da keine Klischees erforderlich sind. Die Abbildungen (bei Photos möglichst kontrastreiche Weißhochglanzabzüge!) werden ins Manuskript geklebt. Sollen sie nicht verkleinert werden, ist im Manuskript so viel Platz zu lassen, daß die originalgroßen Aufnahmen der Abbildungen in das auf DIN A 5 verkleinerte Negativ der Manuskriptseite montiert werden können.

Da beim Photodruck auch die Rückseiten der Blätter bedruckt werden, ist im Manuskript darauf zu achten, daß die Seiten, die im aufgeschlagenen Buch rechts erscheinen sollen (Titel, Widmung, Anfang der Vorworts, die erste Seite des Inhaltsverzeichnisses, der Anfang des Textes, eventuell noch der Anfang von großen Teilen, nicht hingegen alle Kapitelanfänge) eine ungerade Nummer tragen. Unter Umständen muß vorher eine leere Seite mitgezählt werden.

Der Photodruck hat den Vorzug, daß man nicht Korrektur zu lesen braucht; er verlangt aber, daß das Manuskript mit großer Sorgfalt angefertigt wird. Dies gilt einmal für den Inhalt, da ja keine Korrekturen möglich sind. Zum andern ist zu bedenken, daß Nachlässigkeiten der Form wie Buchstaben, die nicht Linie halten, ungleichmäßige Farbstärke, unharmonische Einteilung usw. durch den Photodruck keineswegs vertuscht oder ausgeglichen werden;

sie fallen im Gegenteil hinterher stärker auf als im Manuskript. – Die Blätter des Manuskripts für den Photodruck sollen lose in Mappen mit Seitenklappen (Juris-Mappen) an die Druckerei abgeliefert werden.

Der normale Buchdruck (Hochdruck) verlangt vom Verfasser ein Manuskript als Satzvorlage, das den Anforderungen an Sorgfalt und Genauigkeit nicht weniger entspricht als das Manuskript einer Prüfungsarbeit. Hier kommt hinzu, daß jede nachträgliche Änderung Korrekturkosten verursacht, die derjenige, der seine Arbeit auf eigene Rechnung drucken läßt, zusätzlich bezahlen muß. Es ist daher notwendig, daß ein für den Satz bestimmtes Manuskript genau durchkorrigiert ist, und zwar so, daß der Setzer niemals über die Absicht des Verfassers im Zweifel sein kann.

Die Ausstattung des Buches (Format, Satzspiegel, Schriftart usw.) ist Sache des Verlegers. Geschieht die Drucklegung auf eigene Kosten, wird der Verfasser meist den Vorschlägen des Druckers folgen können; dieser kann unter Umständen ähnlich gedruckte Schriften zur Probe vorlegen. Über zwei Dinge muß der Verfasser sich immer vor der endgültigen Einrichtung seines Manuskriptes unterrichten und schlüssig werden: über die Zahl der Schriftgrade, die verwendet werden sollen, und über die Formen der Hervorhebung. Für ein wissenschaftliches Buch sollen (von den Überschriften und vom Titel abgesehen) möglichst drei, mindestens zwei Schriftgrade zur Verfügung stehen: ein größerer für den Text, ein kleinerer für die Fußnoten und eventuell ein mittlerer für abzusetzende Passagen des Textes, insbesondere für längere Zitate. Vom Haupttext abweichender Schriftgrad wird auf dem Rande des Manuskripts durch einen Strich in der Länge der Textstelle mit der Bezeichnung des gewünschten Grades gefordert.

Zur Hervorhebung stehen für den Satz VERSALIEN (Großbuchstaben), KAPITÄLCHEN, *Kursivschrift*, **Halbfett** und Sperrung zur Verfügung. Halbfett und Sperrung wirken im Schriftbild wenig ansprechend und sollten möglichst vermieden werden. Halbfett verwendet man nur noch für die Stichwörter in Nachschlagewerken. Durch Sperrung kann man, wenn es überhaupt nötig ist, die zentralen Begriffe einer Folge von Absätzen hervorheben; man kann dafür aber auch Kursivschrift nehmen. Versalien sollten den Kapitelüberschriften vorbehalten bleiben. Kapitälchen sind nicht etwa Großbuchstaben eines kleineren Schriftgrades, sondern werden zu den gebräuchlichen Graden einer Schrift eigens geschnitten. Sie werden heute allgemein zur Auszeichnung der im Text vorkommenden Personennamen verwendet. Auch das Genitiv-s wird gegebenenfalls in Kapitälchen gesetzt, nicht jedoch die Ableitungssilbe -sche: GOETHES Werke, die HEGELsche Ästhetik. Was in Kapitälchen gesetzt werden soll, wird im Manuskript mit einer geraden Linie unterstrichen. Die wichtigste Form der Hervorhebung im Schriftsatz ist die Kursivschrift. Sie hat etwa die gleiche Funktion wie die Unterstreichung im Typoskript, wird aber nach deutscher Druckergepflogenheit nicht durch gerade Unterstreichung, sondern durch Unterstreichung mit einer Schlängellinie gefordert (anders vor allem im englischen Sprachgebiet). Kursiv gesetzt werden also Buchstaben, Wörter und Wendungen, von denen als solchen gesprochen wird, hervorzuhebende Wörter im Text oder auch in Zitaten, mit Betonung genannte Buchtitel (vgl. oben S. 19). Es gibt Bücher und Zeitschriften, die alle Buchtitel und darüber hinaus alle Belege durch Kursivschrift hervorheben. Wie man sich da entscheidet, hängt sehr vom persönlichen Geschmack ab. Wir haben schon darauf hingewiesen, daß die Auszeichnung durch Anführungszeichen uns weniger auffällig und daher für nicht besonders betonte Titelnennungen geeigneter zu sein scheint. Der Schriftsatz kann unterscheiden zwischen verschiedenen Formen von Anführungszeichen, z.B. „..." für deutsche Zitate, "..." oder »...« für Zitate aus fremden Sprachen, ‚...' oder '...' für einzelne Begriffe, »...« für Buch-, Gedicht-, Aufsatztitel und ›...‹ für die Titel von Zeitschriften, Reihen und Sammlungen.

Dem Manuskript, das mit den geschilderten Merkmalen für den Setzer versehen ist, soll bei der Ablieferung an den Verlag oder die Druckerei immer ein Erläuterungsblatt mit auf den Weg gegeben werden, z.B.:

Zum Manuskript von N. N.

——————————— in Kapitälchen setzen

. . . . gesperrt setzen [diese Auszeichnung ist nur nötig, wo die Sperrung nicht schon im Typoskript durchgeführt ist]

∿∿∿∿∿∿∿ in Kursiv setzen

Grüner Strich am Rand bedeutet, daß dieser Abschnitt in kleinerem Schriftgrad zu setzen ist.

Folgende Anführungszeichen wurden benutzt:
»...« für Buchtitel, Gedichttitel, Aufsatztitel
usw.

Fehlen dem Verfasser bei Ablieferung des Manuskripts noch vereinzelte Angaben, kennzeichnet er deren ungefähren Umfang durch eine sogenannte ‚Blockade', d.i. eine Wiederholung möglichst auffallender Zeichen, z.B. MMM oder ???. Auch Querverweisungen auf andere Stellen der Schrift – die endgültigen Seitenzahlen ergeben sich ja erst nach dem sogenannten ‚Umbruch' – werden so vorbereitet.

Das satzfertige Manuskript geht nun an den Verlag, bzw. an die Druckerei, wo es zunächst gesetzt wird. Von dem Satz, der noch nicht die spätere Seiteneinteilung aufweist, wird dem Autor die sogenannte ‚Fahnenkorrektur' in zwei Exemplaren zugesandt. Diese muß er sehr sorgfältig auf Unrichtigkeiten und Druckfehler hin durchlesen. Auch kleine Änderungen und Ergänzungen sind noch möglich. Mindestens zweimaliges genaues Lesen (1. Sinn und sachliche Richtigkeit, 2. Rechtschreibung) ist erforderlich. Die Berichtigungen werden mit den üblichen Korrekturzeichen, die man u.a. im Rechtschreibungsduden findet, angemerkt (Tinte oder Farbstift benutzen!).

Der Verfasser schickt eine der Fahnenkorrekturen an die Druckerei zurück, wo der Satz nach seinen Weisungen berichtigt wird (Die zweite Fahne behält er als Duplikat bei sich zurück). Dann wird der Satz entsprechend der Größe der Buchseiten eingeteilt (‚umbrochen'), wobei auch die Anmerkungen als Fußnoten eingeordnet werden. Der Verfasser erhält die zweite Korrektur (‚Umbruchkorrektur'). Sie ist ebenfalls genau zu prüfen, wobei vor allem auf die Fußnotenbezifferung geachtet werden muß. Bei den Verweisungen werden die Blockaden (■) durch die Seitenzahlen ersetzt. Alle etwa noch fehlenden Angaben, für die bisher ebenfalls Blockaden standen, müssen jetzt nachgetragen werden. Das Inhaltsverzeichnis wird mit den Seitenzahlen versehen. Nun kann und sollte auch ein Register angefertigt werden. Dazu werden in einem Exemplar der Korrekturbögen die Namen und Begriffe, die im Register erscheinen sollen, farbig unterstrichen. Man verwendet so viele Farben, wie Register geplant sind (z.B. Namen: rot; Sachen: blau). Für die geplanten Stichwörter (zunächst der einen, dann der anderen Unterstreichung) legt man kleine Zettel (DIN A7

= halbes Postkartenformat) an, auf denen die Seitenzahlen in der aufsteigenden Folge eingetragen werden. Häufig vorkommende Begriffe sollten durch Unterschlagwörter differenziert werden. Diese folgen, eingerückt, dem Hauptschlagwort. Man kann auch hinter den Seitenzahlen in Klammern den besonderen Aspekt der einzelnen Stellen vermerken. Die Zettel werden alphabetisch geordnet und können so – zweckmäßigerweise durch Aufreihung auf eine Schnur in der Reihenfolge gesichert – an die Druckerei geliefert werden. Von der Umbruchkorrektur wird wieder ein Exemplar an die Druckerei geschickt, und zwar in der Regel mit dem Vermerk ‚Druckfertig' oder ‚Imprimatur'. Nur bei sehr vielen Korrekturen sollte man einen dritten Korrekturabzug verlangen.

Wer sich über die technischen Vorgänge beim Satz und Druck von Manuskripten genauer und ins einzelne gehend informieren will, findet darüber eine reichhaltige Literatur. Wir nennen aus der großen Zahl informierender Schriften:

Schauer, Georg Kurt: Wege der Buchgestaltung. Erfahrungen und Ratschläge. – Stuttgart: Poeschel 1953. [Mit vielen Schriftproben u. Abbildungen.]

Kärcher, Gustav Friedrich: Warenkunde des Buches. Ein Leitfaden für Buchhändler u. Bücherfreunde. 2., unveränd. Aufl. – Stuttgart: Poeschel 1965.

Kirchner, Kurt: Satz, Druck, Einband und verwandte Dinge. Ratgeber für Drucksachenbesteller u. Facharbeiter. 9., völlig neu bearb. Aufl. – Wiesbaden: Brockhaus 1970.

Säuberlich, Otto: Buchgewerbliches Hilfsbuch. Darstellung d. buchgewerbl.-techn. Verfahren f. d. Verkehr mit Druckereien u. buchgewerbl. Betrieben. 7. Aufl. Neubearb. von Fritz Dobschinski. – Leipzig: Brandstetter 1939.

Johann Gottfried Herder an Christian Gottlob
Heyne im Mai 1792:

„Goethe, der sich jetzt sehr mit der Optik abgibt,
wünscht sehr beigeschriebene Bücher, die nirgend
hier anzutreffen sind, ansehn zu können. Sie verbän-
den ihn sehr, Bester, wenn Sie ihm solche auf einige
Zeit zukommen ließen."

Heyne an Herder am 18. Mai 1792:

„Die von Goethe verlangten Bücher erfordern eine
baldige Antwort. Der gute Mann hat die Titel so
unbestimmt angegeben, daß ich nicht zu helfen
weiß. Die Herren machen es immer wie Pharao: man
soll den Traum nicht nur auslegen, sondern auch
errathen, was man geträumt hat. Ich lass' ihn bitten,
die Citate genau nachzusehen und anzugeben."

(Von und an Herder. Ungedruckte Briefe aus
Herders Nachlaß. Hrsg. von Heinrich Düntzer u.
Ferdinand Gottfried von Herder. Bd 2. Leipzig:
Dyk 1861. S. 218 und 219.)

Vorbemerkungen

Die folgenden Empfehlungen beziehen sich in erster Linie auf die Titelangaben in Literaturverzeichnissen. Anführungen innerhalb einer Arbeit
und in Fußnoten können kürzer gehalten sein (vgl. S. 82 ‚Die gekürzte
Titelangabe').

Die Beispiele dieses Teils werden laufend gezählt, damit Verweisungen
leichter möglich sind. Auf Hervorhebung der Verfassernamen durch Kapitälchen wurde mit Absicht verzichtet; denn in Typoskripten, für deren
Anfertigung unsere Empfehlungen in erster Linie gedacht sind, gibt es
keine äquivalente Möglichkeit der Auszeichnung. Solche Hervorhebungen
sind bei gut gegliederten Titelangaben auch nicht notwendig. Lediglich die
Wörter und Namen, die für die alphabetische Einordnung der Titel maßgebend sind, ohne am Anfang der Titelangabe zu stehen, sollten im Typoskript unterstrichen werden. Aus technischen Gründen ist die Unterstreichung in unseren Beispielen durch Kursivschrift ersetzt worden (vgl. die
Beispiele 43 ff.).

Maßgebend für die Titelangabe ist bei selbständigen Veröffentlichungen (einschließlich der Hochschulschriften) immer der Haupttitel, d. i. der innere Titel eines Buches, also nicht der Schutzum-
schlag- oder der Einbandtitel. Die Originalhalblederbände der als
Beispiel 21 zitierten Brentano-Ausgabe (»Sämtliche Werke«) weisen z. B. den abweichenden Rückentitel »Gesammelte Werke« auf.

Hat die Schrift keinen Haupttitel, muß freilich ein anderer Titel zugrunde gelegt werden. Am Ende der Titelangabe wird dies durch einen entsprechenden Zusatz angezeigt, z. B. *[Rückent.]* oder *[Umschlagt.]*.

In einer ähnlichen Lage befindet man sich, wenn einem Faksimile-Neudruck kein moderner Titel vorangestellt ist, aus dem Ort und Jahr des Neudrucks ersichtlich wären. Man legt dann der Titelangabe den Faksimile-Titel zugrunde, versieht ihn mit dem Vermerk *[Faks.-T.]* und trägt anschließend den Erscheinungsvermerk des Neudrucks, der sich meistens an einer anderen Stelle (auf der Rückseite des Titelblattes oder am Ende des Buches) findet, nach.

1 Wertherschriften. (Sammlung ... für die Mitglieder der Gesellschaft der Bibliophilen von F[ritz] A[dolf] Hünich hrsg.) – (Leipzig 1924: Spamer.) [Umschlagt.]
   Darin:
   1. (Breidenbach, H. von:) Berichtigung der Geschichte des jungen Werthers. 2., verb. Aufl. Frankfurt u. Leipzig 1775.
   2. (Reitzenstein, Carl Ernst von:) Lotte bey Werthers Grab. Wahlheim 1775.
   3. (Bretschneider, Heinrich Gottfried von:) Eine entsetzliche Mordgeschichte von dem jungen Werther ... o. O. 1776.
   4. Eine trostreiche und wunderbare Historia, betitult: Die Leiden und Freuden Werthers des Mannes ... o. O. u. J.
   5. (Merck, Johann Heinrich:) Pätus und Arria. Eine Künstler-Romanze. Freistadt am Bodensee 1775.
   6. Schwacher jedoch wohlgemeynter Tritt vor dem Riß, neben oder hinter Herrn Pastor Goeze, gegen die Leiden des jungen Werthers und dessen ruchlose Anhänger. o. O. 1775.
   7. (Henselt, A.:) Afterwerther oder Folgen jugendlicher Eifersucht. Ein Original Schauspiel. Lübeck u. Leipzig 1784.
   8. (Hensler, Peter Wilhelm:) Lorenz Konau. Ein Schauspiel. Altona: Iversen 1776.
   [Sämtlich Faks.-T.]
2 Fichte, Johann Gottlieb: Einige Vorlesungen über die Bestimmung des Gelehrten. – Jena u. Leipzig: Gabler 1794. [Faks.-T.] (Jena 1954: Druck ‚Magnus Poser‘. = Jenaer Reden und Schriften. H. 2.)

Bei Beiträgen in Sammelwerken und Zeitschriften beginnt die Titelangabe mit dem Titel des betreffenden Beitrags. Nach überleitendem *In:* folgt dann der Titel des Sammelwerkes oder der Zeitschrift, wiederum unter Zugrundelegung des Haupttitels.

I. Umfang und Anordnung der Angaben

1. Selbständige Veröffentlichungen (außer Hochschulschriften)

Anzugeben sind (in dieser Reihenfolge und zweckmäßigerweise auch mit dieser Zeichensetzung):

Familienname, Vorname(n) des Verf.:
Sachtitel.
(gegebenenfalls) Untertitel. Herausgeber. Auflage.
Bandangabe. –
(ferner unbedingt) Ort und Jahr.
(bzw. besser) Ort: Verlag Jahr. (vgl. S. 49)
(gegebenenfalls) Reihentitel.

3 Holl, Karl: Geschichte des deutschen Lustspiels. – Leipzig 1923. bzw. wenn – wie im folgenden immer – der Verlag angegeben werden soll: ... Lustspiels. – Leipzig: Weber 1923.

4 Kayser, Wolfgang: Das sprachliche Kunstwerk. Eine Einführung in die Literaturwissenschaft. 19. Aufl. – Bern u. München: Francke (1983).

5 Platen, August Graf von: Sämtliche Werke. Histor.-krit. Ausg. mit Einschluß des handschriftl. Nachlasses. Hrsg. von Max Koch u. Erich Petzet. Bd. 1–12. – Leipzig: Hesse (1909).

6 Paul, Hermann: Mittelhochdeutsche Grammatik. 22., durchges. Aufl. von Hugo Moser, Ingeborg Schröbler † u. Siegfried Grosse. – Tübingen: Niemeyer 1982. (= Sammlung kurzer Grammatiken germanischer Dialekte. A. Hauptreihe, Nr. 2.)

Viele Titel (besonders älterer Schriften) bieten die Angaben nicht in der beschriebenen Reihenfolge; oft sind auch die einzelnen Angaben grammatisch miteinander verbunden. Daraus ergibt sich die Notwendigkeit, solche Abhängigkeiten aufzulösen und die Reihenfolge zu verändern.

7 Aus: Die | Lustigen Musikanten | Singspiel | von | Clemens Brentano. | Frankfurt am Main 1803. | bei Bernhard Körner.

wird: Brentano, Clemens: Die lustigen Musikanten. Singspiel. – Frankfurt a. M.: Körner 1803.

In dieser Form findet sich die Titelangabe in Goedekes »Grundriß« (2. Aufl. Bd 6, S. 59, Nr 7). Die vorhergehende Titelbeschreibung hingegen bietet Otto Mallon in seiner »Brentano-Bibliographie« (Berlin: Fraenkel 1926. S. 10).

Die geschilderte Umstellung und Vereinfachung des Titels stieße bei vielen Schriften aus der Zeit des Barock, deren Titel mitunter als lange Sätze formuliert sind, auf zu große Schwierigkeiten. Deshalb stellt man hier nur den Verfasser (Nominativform, z. B. *Schottel*, nicht *Schottelio*!) an die Spitze der Titelangabe und übernimmt im übrigen (wenn nötig, mit Wiederholung des Verfassernamens) den Titel wörtlich. Weniger wichtige Teile können dabei ausgelassen werden. Die Auslassungen sind durch drei Punkte zu kennzeichnen. Anders als die Auslassungspunkte in Zitaten (vgl. S. 16) brauchen diese Punkte nicht in eckige Klammern gesetzt zu werden. Manche Bibliographien zitieren bei Barockschriften auch den Erscheinungsvermerk (Ort: Verlag Jahr) genau nach der Vorlage. (Über die Behandlung der Schreibung in diesen Titeln vgl. unten S. 74 f.)

8 [Harsdörffer, Georg Philipp:] Der grosse Schau-Platz jämmerlicher Mord-Geschichte. Bestehend in CC. traurigen Begebenheiten. Mit vielen merckwürdigen Erzehlungen / neu üblichen Gedichten / Lehrreichen Sprüchen ... Verdolmetscht und mit einem Bericht von den Sinnbildern / wie auch hundert Exempeln derselben als einer neuen Zugabe / auß den berühmsten Authoribus, Durch ein Mitglied der Hochlöblichen Fruchtbringenden Gesellschaft (Unter der Zuschrift: G. P. H. der Spielende [d. i. Georg Philipp Harsdörffer]). Zum fünfftenmal gedruckt. – Hamburgk / Bey Johann Naumann / Buchhändler. Im Jahr M.DC.LXVI. Getr. Pag.

9 Schottel, Justus Georg: Ausführliche Arbeit Von der Teutschen Haubt-Sprache / Worin enthalten Gemelter dieser HaubtSprache Uhrankunft / Uhraltertuhm / Reinlichkeit / Eigenschaft / Vermögen / Unvergleichlichkeit / Grundrichtigkeit / zumahl die SprachKunst und VersKunst Teutsch und guten theils Lateinisch völlig mit eingebracht / wie nicht weniger die Verdoppelung / Ableitung ... Item die Stammwörter der Teutschen Sprache samt der Erklärung und dergleichen viel merkwürdige Sachen. Abgetheilet in Fünf Bücher. Ausgefertiget von Justo-Georgio Schottelio ... – Braunschweig / Gedrukt und verlegt durch Christoff Friederich Zilligern ... M.DC.LXIII.

Die für die eindeutige Bezeichnung eines Buches notwendigen Angaben finden sich nicht immer vollständig auf dem Titelblatt. Manchmal bietet das Titelblatt auch fingierte oder irrige Angaben, fingierte, wenn etwa eine Zensurbehörde getäuscht werden mußte, irrige, wenn z. B. eine früher anonym erschienene Schrift beim Neudruck nicht dem tatsächlichen, sondern einem anderen Verfasser zugeschrieben wurde. In solchen Fällen sind Ergänzungen und

Berichtigungen notwendig, die durch Einklammerung als solche gekennzeichnet werden müssen. In runde Klammern (…) werden Angaben eingeschlossen, die anderen Stellen des Buches (Rückseite des Titelblattes, Druckvermerk, Vorwort usw.) entnommen worden sind, während Angaben, die aus anderen Hilfsmitteln stammen (z. B. aus Bibliographien oder Verlagsprospekten), in eckige Klammern […] gesetzt werden müssen. Klammern, welche im Titel selbst vorkommen, werden als Winkelklammern ⟨…⟩ wiedergegeben.

So bedeutet z. B. *(Leipzig:) Insel-Verl. (1920)*, daß auf dem Titelblatt nur der Verlag genannt ist, der Erscheinungsort und das Jahr aber an anderen Stellen des Buches zu finden sind. Die Angabe *[Amsterdam: Meulenhoff 1948]* in Beispiel 45 hingegen besagt, daß an keiner Stelle des Buches Ort, Verlag und Jahr genannt sind, diese Angaben jedoch aus einer Bibliographie ermittelt werden konnten (in diesem Fall aus »Brinkman's catalogus van boeken«, der niederländischen Nationalbibliographie). In dem folgenden Titel endlich deuten die Winkelklammern an, daß der Untertitel im Buche eingeklammert ist:

10 Langen, August: Anschauungsformen in der deutschen Dichtung des 18. Jahrhunderts. ⟨Rahmenschau und Rationalismus.⟩ – Jena: Diederichs 1934. (= Dt. Arbeiten d. Univ. Köln. Nr 6.) (vorher Phil. Diss. Köln 1933.)

Die neuen Regeln für die alphabetische Katalogisierung (vgl. S. X) erlauben – außer bei der Angabe von Verfasser und Sachtitel – die Heranziehung auch anderer Stellen der Vorlage als Informationsquellen ohne Einklammerung der entsprechenden Angaben. Es entfällt der hier beschriebene Gebrauch der runden Klammern, so daß z. B. der Name des Verfassers, wenn er auf der Haupttitelseite nicht erscheint, immer in eckigen Klammern steht, wobei es gleichgültig ist, ob er etwa aus dem Vorwort oder einer Quelle außerhalb der Vorlage ermittelt wurde. Es ist offensichtlich, daß damit eine Differenzierungsmöglichkeit aufgegeben wird, die gerade für die Zitierung älterer Literaturwerke sehr nützlich ist.

Um Verwechslungen vorzubeugen, sei hier ausdrücklich darauf hingewiesen, daß die Bedeutung der Klammern in textkritischen Ausgaben eine andere Sache ist. Dort kommen in der Regel konjekturale Zusätze seitens des Herausgebers in spitze Klammern. Eckige Klammern schließen überlieferten Text ein, den der Herausgeber für unecht ansieht und tilgen möchte. Einschaltbemerkungen des Autors stehen in runden Klammern (vgl. Otto Stählin: Editionstechnik. Völlig umgearb. 2. Aufl. Leipzig: Teubner 1914. S. 56).

Angaben zur Person des Verfassers (z. B. akademische Titel) brauchen nicht mit aufgenommen zu werden. Jedoch sollen Vornamen ungekürzt wiedergegeben werden. Sind sie im Buch selbst gekürzt oder fehlen sie ganz, soll man sie nach Möglichkeit ergänzen.

11 Gellert, C(hristian) F(ürchtegott): Sämtliche Schriften. Neue rechtmäßige Ausg. (Hrsg. von Julius Ludwig Klee.) T. 1–10 – Berlin: Weidmann; Leipzig: Hahn 1867.
(Die Ergänzungen sind dem Buch selbst entnommen.)

12 Arnold, Robert F[ranz]: Allgemeine Bücherkunde zur neueren deutschen Literaturgeschichte. 4. Aufl., neu bearb. von Herbert Jacob. – Berlin: de Gruyter 1966.
(Der zweite Vorname ist aus einer anderen Quelle ergänzt.)

In gleicher Weise sollen andere der oben bezeichneten Angaben (z. B. Herausgeber, Auflage, Ort und Jahr), sofern sie im Haupttitel nicht erscheinen, aus anderen Stellen des Buches oder anderen Hilfsmitteln ergänzt werden.

13 Hölderlin, (Friedrich): Sämtliche Werke. (Große Stuttgarter Ausgabe. Hrsg. von Friedrich Beißner; Bd 8: Hrsg. von Friedrich Beißner †, Adolf Beck †, fortgef. vom Verwaltungsausschuß der Stuttgarter Hölderlin-Ausg.). Bd 1–8. – Stuttgart: Cotta (Bd 2–6: Kohlhammer, Cotta; Bd 7 u. 8: Kohlhammer) 1943–85.

Ist eine der im Titel vorgefundenen Angaben irrtümlicher- oder auch absichtlicherweise (z. B. fingierte Verlagsorte zur Irreführung der Zensur) falsch, wird die Berichtigung mit der Formel *[vielm. ...]* oder *(vielm. ...)* hinzugesetzt. (Über die Ermittlung und Einsetzung der Verfassernamen bei anonymen und pseudonymen Schriften siehe unten S. 56 ff.).

14 [Schiller, Friedrich (Hrsg.):] Anthologie auf das Jahr 1782. – Gedrukt in der Buchdrukerei zu Tobolsko [vielm. Stuttgart: Metzler] (1782).

15 Schwieger, Jacob [vielm.: Caspar *Stieler*]: Geharnschte Venus. 1660. Hrsg. von Th(eobald) Raehse. – Halle a. S.: Niemeyer 1888. (=Neudrucke dt. Literaturwerke des 16. u. 17. Jh. Nr 74/75.)
(Die »Geharnschte Venus« wurde früher, so auch in der zitierten Ausgabe, Jacob Schwieger zugeschrieben. Albert Köster wies 1897 nach, daß Caspar Stieler der Verfasser war.)

Das wichtigste (bis etwa 1860 reichende) Hilfsmittel zur Ermittlung der tatsächlichen Druckorte ist:

Weller, Emil: Die falschen und fingierten Druckorte. Repertorium der seit Erfindung der Buchdruckerkunst unter falscher Firma erschienenen deutschen, lateinischen und französischen Schriften. (Unveränd. Nachdr. d. 2., verm. u. verb. Aufl. Leipzig 1864.) Bd 1. 2. [nebst] Nachtr. – Hildesheim: Olms 1960–1961.

In Büchern des 18. Jahrhunderts wurden statt der eigentlichen Verlagsorte oft die Meßplätze angegeben, auf denen das Buch zu haben war, z. B. ‚Frankfurt u. Leipzig'. Auch hier ist die Ergänzung des eigentlichen Verlagsortes erwünscht. Bei Werken aus dem 19. und 20. Jahrhundert sind

Ort, Verlag und Jahr fast immer leicht aus den buchhändlerischen Bibliographien festzustellen.

Kann man den Ort oder das Jahr oder beides weder im Buch noch aus anderen Quellen ermitteln, so wird dies durch die – nicht eingeklammerten – Zusätze *o.O., o.J., o.O.u.J.* bemerkt. Die Angaben des mutmaßlichen Erscheinungsortes und vor allem die des mutmaßlichen Erscheinungsjahres sind dringend erwünscht. Sie werden in eckige Klammern gesetzt, also z. B.: *o.O. [vermutl. Nürnberg] u.J. [um 1680].*

16 [Lauremberg, Johann:] Vier SCHERZ-GEDICHTE zu Lustiger Zeitvertreibung aus Nidersächsischer Abfassung gehoochdeutschet von Der Dichtkunst Liebhabern [vermutl.: Constantin Christian Dedekind]: IM Iahr aLs hIer DIe ELbe fLosse … – o. O. [vermutl. Dresden] Gedrukkt im obigen Jahre (1654).
(Zur Schreibung s. u. S. 75!)

17 Junge rheinische *Dichtung.* – Augsburg, Köln, M.Gladbach u. Wien: Orplid-Verl. o. J. [um 1930]. (=Wege nach Orplid. Hrsg. von Martin Rockenbach. Bdch. 30.)

Oft sind mehrere Verlagsorte im Buch angegeben. Ist einer von ihnen als Hauptsitz des Verlages hervorgehoben (z. B. durch größeren Druck), genügt es, ihn mit dem Zusatz *[usw.]* zu nennen.

Im Buch: Georg Westermann Braunschweig
             Berlin. Hamburg. München. Kiel. Darmstadt
Titelangabe: Braunschweig [usw.]: Westermann

Sind bei einem mehrbändigen Werk die Angaben in den einzelnen Bänden verschieden (z. B. Herausgeberwechsel), so werden zunächst die des ersten Bandes zitiert. Die abweichenden Angaben der späteren Bände werden jeweils in runden Klammern nachgestellt, wobei in diesen Klammern zuerst die Bände genannt werden, in denen sich die betreffende Abweichung findet.

18 Keller, Gottfried: Sämtliche Werke. Hrsg. von Jonas Fränkel (Bd 9. 10. 12. 15,2. 20–22: von Carl Helbling). Bd 1. 2,1.2. 3–14. 15,1.2. 16–22. – (Bern u. Leipzig: Benteli; Bd 3–8. 16–19: Erlenbach-Zürich u. München: Rentsch; Bd 10. 15,2. 20–22: Bern: Benteli 1926–49.)

Vor allem der Werdegang einer Zeitschrift läßt sich derart darstellen.

19 Corona. Zweimonatsschrift. Hrsg. von Martin Bodmer u. Herbert Steiner (ab Jg. 8, H. 2: Hrsg. von Martin Bodmer; N. F. Bd 1: Hrsg. von Karl Alexander von Müller u. Bernt Heiseler). Jg. 1 (1930/31) – 5 (1934/35). 6 (1936/37) – 10 (1940/43). N. F. Bd 1, H. 1–4 (1943)

[Ersch. eingest.] – München, Zürich: Verl. der Bremer Presse (Jg. 2 u. 3: München, Berlin, Zürich: Oldenbourg; Jg. 4–10: München, Berlin: Oldenbourg; Zürich: Verl. der Corona; N. F. Bd 1: München, Berlin: Oldenbourg) 1930–43.

Ist freilich eine Zeitschrift oder Zeitung als solche Gegenstand der Untersuchung, wird man sie ausführlicher beschreiben, d.h. wechselnde Titel und Untertitel, Herausgeber und Redaktionen, Erscheinungsweise und Umfang genau angeben müssen. Zu diesem Zweck führt man am besten die einzelnen Jahrgänge getrennt auf.

Wenn umgekehrt die Titelangabe weniger ausführlich sein darf, sollte in den runden Klammern wenigstens auf die Tatsache des späteren Herausgeberwechsels usw. hingewiesen werden.

18a Keller, Gottfried: Sämtliche Werke. Hrsg. von Jonas Fränkel (später von Carl Helbling). Bd 1–22. – (Bern u. Leipzig: Benteli; teilweise Erlenbach-Zürich: Rentsch 1926–49.)

19a Corona. Zweimonatsschrift. Hrsg. von Martin Bodmer u. Herbert Steiner (N.F.: andere Hrsg.) Jg. 1 (1930/31) – 10 (1940/43). N. F. Bd 1 (1943). [Ersch. eingest.] – München, Zürich: Verl. der Bremer Presse (später: Oldenbourg) 1930–43.

Unterscheiden sich die Bände im Erscheinungsjahr, tritt an die Stelle der Jahresangabe die Angabe des Zeitraums, über den sich das Erscheinen des Werkes erstreckte, also etwa 1925–30 oder 1898–1905 (vgl. auch die Beispiele 21–25).

Ist das Werk noch nicht abgeschlossen, so wird das Jahr des Beginns genannt und – gegebenenfalls – *ff.* hinzugesetzt. Vor die Nennung der vorliegenden Bände kann man ein *[Bisher:]* setzen.

20 Heym, Georg: Dichtungen und Schriften. Gesamtausg. Hrsg. von Karl Ludwig Schneider. [Bisher:] Bd 1–3.6. – (Hamburg u. München:) Ellermann 1960 ff.

Ist ein Werk unvollendet geblieben, kann man die Bandangabe mit dem Vermerk *[Mehr nicht ersch.]* versehen.

21 Brentano, Clemens: Sämtliche Werke. Unter Mitw. von Heinz Amelung [u. a.] hrsg. von Carl Schüddekopf. Bd 4. 5. 9,2. 10. 11. 12,1.2. 13. 14,1.2. [Mehr nicht ersch.] – München, Leipzig: Georg Müller 1909–17.

Eine nützliche, allerdings nicht unbedingt zuverlässige Zusammenstellung unvollendet gebliebener Druckwerke liegt vor in:

Krieg, Michael O[tto]: Mehr nicht erschienen. Ein Verzeichnis unvollendet gebliebener Druckwerke. Auf Grund des von Moriz Grolig gesamm. Materials bearb. u. erg. T. 1.2. – Bad Bocklet, Wien, Zürich, Florenz: Krieg 1954–58. (= Bibliotheca bibliographica. Bd 2, T. 1.2.)

Die Formel *[Mehr nicht ersch.]* soll nicht gebraucht werden, wenn ein Serienwerk oder ein Periodicum sein Erscheinen eingestellt hat. Hier ist allenfalls der Zusatz *[Ersch. eingest.]* am Platze (vgl. Beispiel 19).

Die Bandangabe selbst besteht in der Regel aus einer Benennung und der Zählung. Die Benennung kann lauten: *Band, Bändchen, Heft, Teil, Theil, Jahrgang, Volumen* u.ä. und wird abgekürzt *(Bd, Bdch., H., T., Th., Jg., Vol.* usw.) wiedergegeben. Die Zählung ist in arabischen Ziffern zu geben. (Sind die Bände unterteilt, kann es sich freilich empfehlen, wenigstens in den Stellenangaben zu einzelnen Zitaten die übergeordnete Einheit durch eine römische und die untergeordnete durch eine arabische Ziffer zu bezeichnen.) – Man beachte, daß von der Zählung die Rede ist, nicht etwa von der (Gesamt-)Zahl der Bände. Es soll heißen *Bd 1. 2.* und nicht *2 Bde* oder *Bd 1–5* und nicht *5 Bde.* Wie wollte man sonst etwa Mommsens »Römische Geschichte« zitieren, die wohl einen Bd 5, aber keinen Bd 4 umfaßt?

22 Mommsen, Theodor: Römische Geschichte. 10 Aufl. (Bd 5: 6. Aufl.)
    Bd 1–3. 5. [Mehr nicht ersch.] – Berlin: Weidmann 1907–09.

Auch in Beispiel 21 würde der Leser durch die Angabe *10 Bde* statt *Bd 4. 5. 9,2. 10. 11. 12,1.2. 13. 14,1.2.* völlig unzureichend informiert, ja sogar irregeführt. – Wie aus den Beispielen zu ersehen ist, führt man die Zahlen der einzelnen Teile, durch Punkte getrennt, nebeneinander auf. Folgen drei oder mehr Zahlen ohne Lücke aufeinander, nennt man die erste und letzte und verbindet sie durch einen Bis-Strich. Sind mehrere Teile zu einer bibliographischen Einheit verbunden (z. B. das Doppelheft einer Zeitschrift), zeigt man dies durch einen Schrägstrich an: *H. 3/4.* Unterabteilungen werden von den übergeordneten Einheiten durch Kommata, untereinander aber wieder durch Punkte getrennt.

Wenn die Zählung aus einer anderen Stelle des Buches ergänzt oder ganz fingiert werden mußte, wird sie entsprechend der geschilderten Bedeutung der Klammern in runde oder eckige Klammern eingeschlossen.

23 Stifter, Adalbert: Erzählungen in der Urfassung. Hrsg. von Max Stefl.
    [1–3.] – Augsburg: Kraft (1950–52).
    [1.] Condor. Feldblumen. Haidedorf. Mappe. Hochwald. (1950)
    [2.] Abdias. Narrenburg. Wirkungen eines weißen Mantels. Brigitta.
      Das alte Siegel. Hagestolz. (1952.)

[3.] Der Waldsteig. Der heilige Abend. Die Schwestern. Der beschriebene Tännling. Der arme Wohltäter. Die Pechbrenner. Der Pförtner im Herrenhaus. Nachsommer-Fragmente. (1952.)

Gehören zu einem Werk bibliographisch selbständige Teile, die nicht gezählt, durch ihre Benennung (z. B. *Supplement, Ergänzungsband, Nachtrag, Register, Atlas, Tafeln* u. ä.) aber als Teile bezeichnet sind, werden sie anschließend an die Bandangabe mit *[nebst]* aufgeführt. Ist das Hauptwerk einbändig, werden sie an der gleichen Stelle (vor dem Erscheinungsvermerk) mit *[Nebst]* genannt (vgl. das Thesaurus-Zitat auf S. 20).

24 Grillparzer, (Franz): Werke. Hrsg., mit Einl. u. Anm. vers. von Stefan Hock. T. 1–16 [nebst] Gesamtregister von Stefan Hock und Richard Smekal. – Berlin, Leipzig, Wien, Stuttgart: Bong (1911–14). (Goldene Klassiker-Bibliothek.)

Besteht ein Werk aus mehreren solcher Teile, treten deren Bezeichnungen, durch *[u.]* verbunden, an die Stelle der Ziffern.

25 Werner, Zacharias: Tagebücher. Hrsg. u. erl. von Oswald Floeck. Texte [u.] Erläuterungen. – Leipzig: Hiersemann 1939–40. (= Bibliothek des Liter. Vereins in Stuttgart. 289. 290.)

Aus vielen Gründen, deren Erörterung hier zu weit führen würde[1], ist es gerade für den Germanisten nützlich und interessant zu wissen, in welchen Verlagen die Bücher, mit denen er es zu tun hat, erschienen sind. Deshalb sollte er in den Titelangaben aller selbständigen Schriften regelmäßig auch den Verlag nennen. Daß viele Handbücher, die auf möglichst engem Raum eine Fülle von Titeln aufführen, die Verlage und vielfach selbst die Erscheinungsorte nicht angeben, ist verständlich, sollte aber nicht nachgeahmt werden, wenn genug Platz vorhanden ist. Die Bezeichnung des Verlages in der Titelangabe kann und soll möglichst knapp gehalten sein. Meistens wird der Familienname des Verlegers genügen.

Im Buch steht:	In der Titelangabe erscheint:
Walter de Gruyter & Co., vormals G. J. Göschen'sche Verlagshandlung – J. Guttentag, Verlagsbuchhandlung – Georg Reimer – Karl J. Trübner – Veit & Comp.	de Gruyter

---

[1] Ich nenne nur: Unterscheidung von Nach- und Raubdrucken; Sichtbarwerden der Zugehörigkeit zu literarischen Gruppen, die sich in neuester Zeit oft um bestimmte Verlage scharen; mnemotechnische Vorteile.

J. B. Metzersche Verlagsbuchhandlung	Metzler
A. Francke AG. Verlag	Francke
Verlag der Buchhandlung des Waisenhauses	Buchh. des Waisenhauses
Insel-Verlag	Insel-Verl.

Die Stelle des Verlages kann auch eine die Veröffentlichung tragende Behörde, ein Verein oder sonst eine Körperschaft einnehmen (über die Möglichkeit, Körperschaften auch als Urheber an Verfasserstelle aufzuführen, s. S. 80).

26 Verzeichnis der im Entstehen begriffenen Dissertationen aus dem Gebiete der deutschen Sprache und Literatur. (Red.: Georg Bangen.) Liste 1–10. – Berlin-Dahlem: Germanisches Seminar der Freien Universität (1958–68) [Masch. vervielf.]
[Ab Liste 11 u. d. T. „Verzeichnis der germanistischen Dissertationsvorhaben" in: Jahrbuch für Internationale Germanistik.]
(vgl. auch die Beispiele 62 und 64.)

Ist eine Schrift im Selbstverlag des Autors oder Herausgebers erschienen, wird dies durch die Vermerke *Selbstverl.* oder *Verf.* (d.h. Verfasser) oder *Hrsg.* (d.h. Herausgeber) bezeichnet. Gegebenenfalls setzt man den Ort und Namen des Kommissionsverlages (d. i. des Verlages, der den Vertrieb besorgt) hinzu. Im Selbstverlag erschienene Schriften tragen häufig den Vermerk ,Als Manuskript gedruckt' (vgl. auch Beispiel 30).

27 Arent, Wilhelm (Hrsg.): Moderne Dichter-Charaktere. Mit Einleitungen von Hermann Conradi u. Karl Henckell. – Berlin: Hrsg.; Kamlah in Komm. 1885.

Ist der Restbestand einer Auflage an einen anderen Verleger übergegangen, wird durch diesen meist die neue Orts- und Verlagsangabe überklebt oder aufgestempelt. In diesen Fällen nennt man zuerst den ursprünglichen, dann – mit einem entsprechenden Vermerk – den neuen Verlag.

28 Przybyszewski, Stanislaw: Androgyne. – Berlin: Fontane 1906; [übergekl.:] München: Georg Müller 1919.

Hat eine Schrift keinen Verleger, empfiehlt es sich, statt dessen den Drucker zu nennen. Dieser tritt – durch einen Doppelpunkt von ihr getrennt – hinter (!) die Jahreszahl.

29 Hesse, Hermann: Brief an einen schwäbischen Dichter. (Privatdruck auf Veranlassung von William Matheson als Neujahrsgabe für die

Mitglieder der Vereinigung Oltner Bücherfreunde.) – (Gelterkinden 1951: Lustig.)

30 Krogmann, Willy, und Ulrich Pretzel: Bibliographie zum Nibelungenlied und zur Klage. 2., verb. Aufl. Manuskriptdruck zum Gebrauch für Vorlesungen. – Hamburg 1959 (: Heimberg, Stade/Elbe).

Den Erscheinungsvermerken älterer Schriften (etwa vor 1750) ist oft nicht mit Sicherheit zu entnehmen, ob ein Verleger oder ein Drucker genannt ist. Nicht selten ist der Drucker zugleich auch der Verleger. Die Angabe eines Druckers wird meistens eingeleitet durch die Wendungen: *Durch, Per, Druck von, Druckts, Typis, Litteris, Ex officina, Impressit, Excudebat, Recudit, Printed by, Mit ... Schriften, Formis, Typis curavit.* Auf einen Verlag beziehen sich in der Regel die Wendungen: *Bei, Apud, Chez, In Verlegung, Auf Kosten, Sumptibus, Expensis, In aedibus, In bibliopolio, Printed for* (vgl. Josef Benzing: Druck- und Verlagsvermerke im älteren deutschen Buch. In: Das Antiquariat 10 (1954) S. 29f.). Am einfachsten ist es, wenn man – wie oben (S. 43) dargestellt – den Erscheinungsvermerk alter Schriften unverändert aus der Vorlage übernimmt. Schmückende Beiworte kann man selbstverständlich weglassen und fehlende Angaben soll man immer – wie beschrieben – ergänzen.

Angaben über Umfang (Seitenzahl), Beigaben (Abbildungen, Tafeln usw.) und Format sind für die Zwecke der meisten Literaturverzeichnisse entbehrlich. Wir haben sie deshalb im Schema (S. 42) nicht aufgeführt und lassen sie auch in den Beispielen weg. (Daß Beiträge aus Sammelwerken und Zeitschriften regelmäßig mit Seitenangabe zitiert werden müssen, ergibt sich aus dem Schema für die Titelangaben von Beiträgen, S. 65) Sollen Umfang, Beigaben und Format aus irgendeinem Grunde doch bezeichnet werden, geschieht dies in der genannten Reihenfolge im Anschluß an die Angabe des Erscheinungsjahres.

31 Keyserling, E[duard] von: Wellen. Roman. (8.–10. Aufl.) – Berlin: Fischer 1920. 253 S. 8°

32 Holz, Arno: Phantasus. H. 1. – Berlin: Sassenbach 1898. 27 ungez. Bl. 8°

33 Holz, Arno: Phantasus. – Leipzig: Insel-Verl. 1916. 336 S. 2°

34 Dempe, Peter: Die Darstellung der Mater dolorosa bei Heinrich Seuse. Stoff und Stil. – Berlin, F. U., Phil. Diss. 1953. 155 gez. Bl. 4° [Masch.]

35 Bohnenberger, Karl: Die alemannische Mundart. Umgrenzung, Innengliederung u. Kennzeichnung. – Tübingen: Mohr 1953. XX, 302 S., 1 Kt.-Skizze. 8°

Wie wichtig in Einzelfällen die Angabe vor allem der Seitenzahl sein kann, zeigt das Beispiel 8, »Der große Schau-Platz jämmerlicher Mord-Geschichte« von Georg Philipp Harsdörffer. Hier beginnt ein Teil des Werkes mit einer neuen, von der ersten jedoch nicht unterschiedenen Seitenzählung. Das muß wissen, wer ein Zitat nachschlagen will. Aus diesem Grunde ist wenigstens der Hinweis *Getr. Pag.* (= Getrennte Paginierung) erforderlich. Die vollständige Umfangangabe für dieses Beispiel müßte lauten: *8 Bl., 750 S., 15 Bl., 2 weiße Bl., 36 S.* Ist dem Setzer in der Seitenzählung ein Fehler unterlaufen, wird die richtige Gesamtzahl der Seiten mit (*vielm. ...*) hinzugesetzt.

Zur Erklärung der üblichen und in den obigen Beispielen benutzten Formatbezeichnungen ist es nötig, ihre Entstehung kurz darzustellen. In früheren Zeiten waren die Maße der zum Buchdruck benutzten Papierbogen zwar nicht einheitlich festgelegt, aber immerhin durch die Größe des bei der Papierherstellung benutzten Schöpfsiebes begrenzt. Diese Bogen mußte man, um die heftbaren Lagen eines Buches zu bekommen, einmal oder mehrmals falzen. Entsprechend erhielt man weniger und größere oder mehr und kleinere Blätter eines Bogens, nämlich:

aus einem Falzbruch zwei Blätter, d. i. das Format Folio: 2°
aus zwei Falzbrüchen vier Blätter, d. i. das Format Quart: 4°
aus drei Falzbrüchen acht Blätter, d. i. das Format Oktav: 8°
aus vier Falzbr. sechzehn Blätter, d. i. das Format Sedez: 16°
Umfaßte ein Bogen zwölf Blätter, hieß das Format Duodez: 12°

Als man später nicht mehr nur Papierbogen, sondern (theoretisch endlose) Papierrollen herstellen konnte, die bedruckten Papierbogen also größer sein konnten, war die Größe des Buchblocks aus der Falzung überhaupt nicht mehr zu erschließen. Deshalb sprechen wir heute (ohne Rücksicht auf die Zahl der Falzbrüche) von

8°, wenn der Einbanddeckel bis 25 cm hoch ist,
4°, wenn der Einbanddeckel über 25 cm bis 35 cm hoch ist,
2°, wenn der Einbanddeckel über 35 cm bis 45 cm hoch ist,
gr. 2°, wenn der Einbanddeckel über 45 cm hoch ist.

Innerhalb des Formates 8° werden oft (z. B. in Antiquariatskatalogen) die Größen *kl. 8°* = 10–18 cm und *gr. 8°* = 22,5 – 25 cm besonders bezeichnet. – Bei überwiegender Breite bleibt die Höhe maßgebend, doch wird alsdann das Format *quer-8°*, *quer-4°* usw. genannt. Die alten Formatbezeichnungen (nach der Falzung der Bogen) werden, wenn sie abweichen, oft in Klammern hinzugefügt. Zur Vermeidung dieser Doppeldeutigkeit werden die Formate neuerdings auch in Normgrößen (z. B. DIN A 4) oder in Zentimetern (Höhe x Breite) angegeben. Zentimeterangaben finden sich z. B. in »German Baroque Literature« von Curt von Faber du Faur (Vol. [1.] 2. New Haven: Yale University Press 1958–69) und im Nachtrag zu Julius Rodenbergs »Deutsche Pressen« (Wien: Amalthea-Verl. 1931. – Der im Jahre 1925 erschienene Hauptband bedient sich noch der alten Formatbezeichnungen). Aus diesen Beispielen ist zu ersehen, daß die genaue Angabe des Buchformats vor allem auf den Gebieten des alten Buches und des bibiliophilen Drucks wichtig ist.

Wenn die Schrift nicht im gewöhnlichen Buchdruck hergestellt ist, sondern maschinenschriftlich oder durch Vervielfältigung eines maschinenschriftlichen Originals, ist dies durch einen an den Schluß der Titelangabe zu stellenden entsprechenden Zusatz zu bemerken. Im ersten Fall lautet der Zusatz *[Maschinenschrift.]* oder *[Masch.-Schr.]* oder auch einfach *[Masch.]*, im zweiten Fall *[Masch. vervielf.]*. Vor allem Hochschulschriften liegen oft nur in solcher Form vor (vgl. die Beispiele 26, 74 und 75).

Selbständige Schriften besonderer Art

Anthologien (ausgewählte Gedichte mehrerer Verfasser), *Chrestomathien* (Prosatexte mehrerer Verfasser) sowie *Sammlungen von Sagen, Märchen u. ä.* werden unter dem Herausgeber zitiert. Dieser wird durch ein zugesetztes (*Hrsg.*) als solcher charakterisiert. Auch in Bibliothekskatalogen sind Anthologien in der Regel unter dem Herausgeber zu suchen. Freilich gibt es Grenzfälle, z. B. die erneute Ausgabe einer schon vorliegenden Sammlung (Des Minnesangs Frühling. Nach Karl Lachmann, Moriz Haupt und Friedrich Vogt neu bearb. von Carl von Kraus), in denen auch die Einordnung unter dem Sachtitel (»Des Minnesangs Frühling«) möglich ist. In solchen Fällen findet sich in den Katalogen unter dem Namen des Herausgebers auf jeden Fall eine Verweisung.

36 Braune, Wilhelm (Hrsg.): Althochdeutsches Lesebuch. Zsgest. u. mit einem Wörterb. vers. 10. Aufl. bearb. von Karl Helm. – Halle ⟨Saale⟩: Niemeyer 1942.
37 Hofmannsthal, Hugo von (Hrsg.): Deutsche Erzähler. (29.–33. Tsd.) – Leipzig: Insel-Verl. 1938.

Bei *Übersetzungen* empfiehlt es sich, hinter den (Ober-)Titel der Übersetzung den Titel des Originals nebst Angabe der Sprache der Übersetzung einzuschieben, und zwar in runden oder eckigen Klammern (vgl. S. 43 f.). Der Übersetzer wird im Anschluß an den (Unter-)Titel genannt. Wenn der Übersetzer nicht gleichzeitig auch Herausgeber ist, wird der Herausgeber nach dem Übersetzer erwähnt. Bei Übersetzungen von Aufsätzen ist möglichst der Fundort des Originals anzugeben, und zwar am Schluß der gesamten Titelangabe.

38 Zola, Emile: Der Bauch von Paris [Le ventre de Paris, deutsch]. (Übers. von Armin Schwarz. Ungekürzte Ausg.). – Berlin, Wien: Harz 1923. (= Zola: Die Rougon-Macquart [Les Rougon-Macquart, deutsch]. Bd 3.)
39 Tomasi di Lampedusa, Giuseppe: Der Leopard (Il gattopardo, deutsch). Roman. (Aus d. Ital. von Charlotte Birnbaum.) – München: Piper (1959).
40 Mann, Thomas: Mario og troldmanden. Uorden og tidlig sorg [Mario und der Zauberer. Unordnung und frühes Leid, dän.]. Overs. af Ernst Thomsen. – København: Aschehoug 1951. (= Levende litteratur. 21.)
41 Starobinski, Jean: Racine und die Poetik des Blickes (Racine et la Poétique du Regard, deutsch). Übertr. von Mirjam Josephsohn. – In: Die Neue Rundschau [69] 1958, S. 655–669. (Original in: La nouvelle Nouvelle Revue Française. Ann. 5, T. 10 (1957) p. 246–263.)

Werke von zwei oder drei Verfassern werden unter den Namen des erstgenannten Verfassers gestellt. Die Namen des (der) anderen Verfassers (Verfasser) folgen ihm in normaler Stellung (Vorname und Familienname).

42 Holz, Arno, und Johannes Schlaf: Neue Gleise. Gemeinsames. – Berlin: Fontane 1892.

Bei *Werken mit mehr als drei Verfassern*[1], insbesondere bei

---

[1] Spätere Bearbeiter gelten nicht als Verfasser. Pauls »Mittelhochdeutsche Grammatik« wird auch in der von anderen überarbeiteten Form unter den Namen des ursprünglichen Verfassers Hermann Paul gestellt, vgl. Beispiel 6. Nur wenn bei durchgreifenden Neubearbeitungen der Bearbei-

Sammelwerken und Zeitschriften, beginnt, wenn diese Schriften als ganze zitiert werden, die Titelangabe mit dem Sachtitel. Die wichtigsten Regeln für die alphabetische Einordnung von Sachtiteln nennen wir S. 78 ff. Es empfiehlt sich, das für die Einordnung maßgebende Wort (das sogenannte ‚Ordnungswort') hervorzuheben (im Typoskript: Unterstreichung), da es häufig nicht an der Spitze des Titels steht. – In den meisten Fällen wird (werden) auf den Titeln von Sammelwerken und Zeitschriften nur der (die) Hauptherausgeber genannt. Sie sind so auch in die Titelangabe zu übernehmen. Sind Mitarbeiter erwähnt, deutet man dies in der Titelangabe durch Übernahme des einleitenden Textes an, läßt jedoch deren Namen aus z. B. *Unter Mitarb. von ... hrsg. durch N. N.* Werden mehr als drei Mitarbeiter oder Herausgeber ohne Kennzeichnung eines Hauptherausgebers aufgeführt, nennt man in der Titelangabe den ersten Namen mit dem Zusatz *[u. a.].*

43 Deutsche *Literatur* in unserer Zeit. Mit Beitr. von W(olfgang) Kayser [u. a.]. – Göttingen: Vandenhoeck & Ruprecht (1959). (= Kleine Vandenhoeck-Reihe. 73/74.)

44 Vom *Geist* der Dichtung. Gedächtnisschrift für Robert Petsch. Hrsg. von Fritz Martini. – Hamburg: Hoffmann & Campe 1949.

45 Verzamelde *Opstellen*. Geschreven door oud-leerlingen van Prof. Dr. J[an] H[endrik] Scholte. Aangeboden ... ter gelegenheid van zijn aftreden als hoogleraar aan de Universiteit van Amsterdam. (Uitg. onder red. van Th[eodorus] C[ornelis] van Stockum, H[endrik] W[illem] J[an] Kroes, D. J. C. Zeeman.) – [Amsterdam: Meulenhoff 1948.]

46 *Festschrift* August Sauer. Zum 70. Geburtstag des Gelehrten am 12. Okt. 1925. Dargebracht von seinen Freunden und Schülern R(einhold) Backmann [u. a.]. – Stuttgart: Metzler (1925).

47 Deutsches *Museum*. (Hrsg.: [Heinrich Christian] Boie u. [Christian Konrad Wilhelm von] Dohm; ab Jg. 1778, St. 8: Boie allein.) [Jg.] 1776–88 (je Bd 1. 2.) – Leipzig: Weygand 1776–88. [Fortges. u. d. T.: Neues Deutsches Museum.]

Briefwechsel von zwei oder drei Korrespondenten werden wie Schriften zweier oder dreier Verfasser zitiert.

---

ter schon auf dem Titelblatt als Mitverfasser erscheint, wird er auch in der Titelangabe als solcher aufgeführt, z. B. beim sog. »Kluge/Götze« (s. o. S. 22; seit der 17., von Walther Mitzka bearb. Aufl. wieder unter dem Namen Friedrich Kluges allein.) Über Körperschaften als ‚Verfasser' s. S. 80.

48 Müllenhoff, Karl, und Wilhelm Scherer: Briefwechsel. Im Auftr. d.
Preuß. Akad. d. Wiss. hrsg. von Albert Leitzmann. Mit einer Einf.
von Edward Schröder. – Berlin u. Leipzig: de Gruyter 1937. (= Das
Literatur-Archiv. Bd 5.)

Bei *Briefsammlungen* von vier oder mehr Korrespondenten kann
man die Verfassernamen nicht mehr herauslösen und der Titelangabe voranstellen, zumal meist nicht alle Korrespondenten im
Titel genannt sind. In Bibliothekskatalogen werden solche Briefsammlungen deshalb normalerweise (wie Sammelwerke) unter den
Sachtitel gestellt. Gruppiert sich jedoch die ganze Sammlung um
eine Person, die also entweder Absender oder Empfänger aller
Briefe ist, steht die Sammlung unter dem Namen dieser Person,
und zwar auch dann, wenn es sich ausschließlich um Briefe anderer
an eben diese Person handelt. – Für die Form der Titelangabe
ergibt sich aus dieser Unterscheidung, daß im ersten Fall (wie bei
Sammelwerken) die Hervorhebung des sogenannten Ordnungs-
wortes (in der Regel des ersten regierenden Substantivs, vgl. S.
78 ff.) nützlich ist, im zweiten Fall hingegen die Hervorhebung des
Hauptkorrespondenten, und zwar ebenfalls durch Unterstreichung. Eine Voranstellung seines Namens würde den irrigen Eindruck erwecken, er sei der Verfasser, während er doch bestenfalls
nur einen Teil, unter Umständen sogar keinen der Briefe geschrieben hat.

49 *Briefe* aus dem Freundeskreis von (Joh. Wolfgang v.) Goethe, (Joh.
Gottfr. v.) Herder, (Ludw. Jul. Friedr.) Höpfner und (Joh. Heinr.)
Merck. … Aus den Hs. hrsg. von Karl Wagner. – Leipzig: Fleischer
1847.

50 Briefe von und an (Friedrich Gottlieb) *Klopstock*. Ein Beitr. zur Litera-
turgesch. seiner Zeit. Mit erl. Anm. hrsg. von J[ohann] M[artin]
Lappenberg. – Braunschweig: Westermann 1867.

51 Briefe an Johann Heinrich *Merck* von Göthe [!], Herder, Wieland u.
andern bedeutenden Zeitgenossen. Mit Merck's biogr. Skizze hrsg.
von Karl Wagner. – Darmstadt: Diehl 1835.

Briefsammlungen endlich, die erst der Herausgeber unter einem
von ihm gewählten Gesichtspunkt zusammengetragen hat, werden
wie Anthologien unter dem Namen des Herausgebers zitiert.

52 Hering, Gerhard F[riedrich] (Hrsg.): Genius der Jugend. Der deutsche
Jüngling in Briefen aus 3 Jh. – Stuttgart u. Hamburg: Scherz &
Goverts (1951).

Die Titelangabe von Schriften, deren Verfasser nicht genannt und auch nicht zu ermitteln sind *(Anonyma)*, beginnt mit dem Sachtitel.

53 *Geschichte* eines Frauenzimmers an der Nieder-Elbe, aus den Original-Briefen der Mlle. Ch. F.** – Hamburg: Holle 1766.
54 Die unglückliche *Liebe* einer Braunschweigerin oder die verfolgte Güte des Herzens. Eine wahre Geschichte in Briefen. – Berlin: Schöne 1791.

Hat man den Verfasser einer anonymen Schrift jedoch ermittelt, setzt man den Verfassernamen in eckige Klammern an die Spitze der Titelangabe. Fanden sich in der Schrift Anhaltspunkte für den Verfassernamen, ist es zweckmäßig, an passender Stelle, evtl. am Schluß der Titelangabe, darauf hinzuweisen.

55 [Wezel, Johann Karl:] Lebensgeschichte Tobias Knauts des Weisen, sonst der Stammler genannt. Bd 1–4. – Leipzig: Crusius 1773–1776. (Vorrede in Bd 1 u. 2 unterzeichnet: W, bzw. W**l.)
   (vgl. auch Beispiel 8.)

Ist der Verfasser nicht mit Sicherheit zu ermitteln, weist man im Anschluß an den Sachtitel auf den mutmaßlichen Verfasser hin.

56 Österreichischer *Parnaß* bestiegen von einem heruntergekommenen Antiquar. [Mutmaßl. Verf.: Uffo Horn.] – Frey-Sing, bei Athanasius & Co. [vielm. Hamburg: Hoffmann & Campe] o. J. [um 1840.]

Das wichtigste Hilfsmittel zur Ermittlung der Verfasser anonym erschienener deutscher Schriften ist:

Holzmann, Michael, und Hanns Bohatta: Deutsches Anonymen-Lexikon. Aus den Quellen bearb. Bd 1–7. – Weimar: Gesellschaft d. Bibliophilen 1902–28.

Verbirgt sich der Verfasser in der zu zitierenden Schrift hinter einem Decknamen *(Pseudonym)*, so ist das Pseudonym zwar an die Stelle der Verfasserangabe zu setzen, jedoch soll der wirkliche Name, sofern er bekannt ist, eingeleitet durch *d. i.*, in eckigen Klammern nach dem Pseudonym genannt werden.

57 Morren, Theophil [d. i. Hugo von *Hofmannsthal*]: Gestern. Studie in 1 Akt, in Reimen. – Leipzig: Klinkhardt; Wien: Manz [1892].

Zweckmäßigerweise wird auch der wirkliche Name maßgebend für die Einordnung und deshalb in der Titelangabe unterstrichen, z. B.:
   Sittewald, Philander von [d. i. Johann Michael *Moscherosch*]
   Corvinus, Jakob [d. i. Wilhelm *Raabe*].
Hat sich indes bei bekannteren Autoren das Pseudonym derart

im Gebrauch festgesetzt, daß sie vornehmlich unter ihm bekannt sind und zitiert werden, so wird das Pseudonym maßgebend, also:

Alexis, Willibald [d. i. Willibald Häring]

Lenau, Nikolaus [d. i. Nikolaus Niembsch Edler von Strehlenau]

In diesen Fällen kann man auch meist auf die Hinzusetzung des wirklichen Namens verzichten.

Die wichtigsten Hilfsmittel zur Auflösung von Pseudonymen sind:

Holzmann, Michael, und Hanns Bohatta: Deutsches Pseudonymen-Lexikon. Aus den Quellen bearb. – Wien, Leipzig: Akad. Verl. 1906.

Namenschlüssel zu Pseudonymen, Doppelnamen und Namensabwandlungen. [Bd] 1: Stand vom 1. Juli 1941 (Reprograf. Nachdr. der Ausg. Berlin 1941). 2. Ergänzungen aus der Zeit vom 1. Juli 1941 bis 31. Dez. 1965. – Hildesheim: Olms 1965–68.

Wer ist's? Unsere Zeitgenossen. Zsgest. u. hrsg. von Herrmann A. L. Degener. – Leipzig: Degener (1905 u. ö.). [Besonders umfangreich ist das Pseudonymen-Verzeichnis der 10. Ausg. Berlin 1935.]

Ist das Pseudonym nicht mit Sicherheit aufzulösen, vermerkt man *[d. i. vermutl. ...].* Das Pseudonym bleibt für die alphabetische Einordnung maßgebend.

58 Melisso [d. i. vermutl. Michael Erich Franck]: Der Unglücklich-Glückselige Epirotische Graf Rifano ... – Nürnberg, bey Johann Jacob Wolrab. Druckts Joh. Ernst Adelbulner. 1722.

Wenn Werke innerhalb einer Reihe erschienen sind *(Serienwerke),* sind zweierlei Zitierweisen denkbar:

Erstens kann es sein, daß *die ganze Reihe* zitiert werden soll. Dann wird der Serientitel nebst den Angaben, die allen Bänden gemeinsam sind (z. B. Ort und Verlag), zuerst genannt. Darunter werden eingerückt unter Voranstellung der Zählung die einzelnen Bände aufgeführt, ohne Wiederholung der schon genannten Angaben.

59 Germanistische *Handbibliothek.* Begr. von Julius Zacher. Bd. 1–11. – Halle ⟨Saale⟩: Buchh. des Waisenhauses.

    1,1.2. Walther von der Vogelweide. Hrsg. u. erkl. von W[ilhelm] Wilmanns. 2. (Bd 2 : 4.), vollst. umgearb. Aufl., bes. von Victor Michels. Bd 1. 2.

    1. Wilmanns, W[ilhelm]: Leben und Dichten Walthers von der Vogelweide. 1916.

    2. Walther von der Vogelweide: (Lieder u. Sprüche mit erkl. Anm.) 1924.

    2. Kudrun. Hrsg. u. erkl. von Ernst Martin. 2., verb. Aufl. 1902. usw. bis 11.

Genauso verfährt man, wenn ein mehrbändiges Werk (eines oder mehrerer Verfasser), dessen Bände neben dem Gesamttitel besondere Stücktitel haben, insgesamt zitiert werden soll.

60 Boor, Helmut de, und Richard Newald: Geschichte der deutschen Literatur von den Anfängen bis zur Gegenwart. [Bisher:] Bd 1–7,1. – München: Beck.

  1. Boor, Helmut de: Die deutsche Literatur von Karl dem Großen bis zum Beginn der höfischen Dichtung. 770–1170. 9. Aufl. bearb. von Herbert Kolb. (1979.)

  2. Boor, Helmut de: Die höfische Literatur. Vorbereitung, Blüte, Ausklang. 1170–1250. 10. Aufl. bearb. von Ursula Hennig. (1979.)

  3,1. Boor, Helmut de: Die deutsche Literatur im späten Mittelalter. Zerfall und Neubeginn. T. 1: 1250–1350. (4. Aufl.) Mit einem bibliogr. Anh. von Klaus P. Schmidt 1973.

  3,2. Glier, Ingeborg (Hrsg.): Die deutsche Literatur im späten Mittelalter. 1250–1370. T. 2: Reimpaargedichte, Drama, Prosa. (1987.)

  4,1. Rupprich, Hans: Die deutsche Literatur vom späten Mittelalter bis zum Barock. T. 1: Das ausgehende Mittelalter, Humanismus u. Renaissance. 1370–1520. 1970.

  4,2. Rupprich, Hans: Die deutsche Literatur vom späten Mittelalter bis zum Barock. T. 2: Das Zeitalter der Reformation. 1520–1570. 1973.

  5. Newald, Richard: Die deutsche Literatur vom Späthumanismus zur Empfindsamkeit. 1570–1750. 6. verb. Aufl. mit einem bibliogr. Anh. von Georg Bangen u. Eberhard Mannack. 1967.

  6. Newald, Richard: Ende der Aufklärung u. Vorbereitung der Klassik. (7. unveränd. Aufl. 1985.)

  7,1. Schulz, Gerhard: Die deutsche Literatur zwischen Französischer Revolution und Restauration. T. 1: Das Zeitalter der Französischen Revolution 1789–1806. 1983.

Schließlich kann man so verfahren, wenn man den Inhalt eines mehrbändigen Werkes, dessen Bände keine eigenen Stücktitel haben, jedoch hinter der Bandzählung den jeweiligen Inhalt angeben, anschaulich machen will. Dies wird man immer dann tun, wenn ein Werk in einer Arbeit sehr häufig benutzt wurde oder sogar – etwa die Gesamtausgabe eines Dichters – die wichtigste Quelle der Arbeit war.

61 Dauthendey, Max: Gesammelte Werke. Bd. 1–6. – München: Langen (1925).

  1. Autobiographisches.   4. Lyrik.
  2. Aus fernen Ländern.   5. Die großen Versdichtungen.
  3. Novellen und Romane.   6. Dramen.

Zweitens – und dieser Fall ist für eigentliche Serienwerke viel häufiger – kann es sein, daß *nur ein Band oder Heft der Reihe* aufgeführt werden soll. Dann wird zuerst der Stücktitel genannt und anschließend der Serientitel. Dieser wird dabei in runde Klammern gesetzt. Sind die Bände (Hefte) einer Reihe gezählt, tritt hinter den Serientitel die Bandangabe für das betreffende Stück, und zwar mit Benennung (Bd, H., Tom. usw.) und Zählung. Es ist sinnvoll und erleichtert die Übersicht, in solchen Fällen vor den Serientitel ein Gleichheitszeichen zu setzen.

59a Kudrun. Hrsg. u. erkl. von Ernst Martin. 2., verb. Aufl. – Halle ⟨Saale⟩: Buchh. des Waisenhauses 1902. (= Germanistische Handbibliothek. Bd 2.)

Genauso ist zu verfahren, wenn aus einem mehrbändigen Werk, dessen Bände besondere Stücktitel haben, ein Einzelband zitiert werden soll.

60a Boor, Helmut de: Die höfische Literatur. Vorbereitung, Blüte, Ausklang. 1170–1250. 10. Aufl. bearb. von Ursula Hennig. – München: Beck 1979. (= Boor, Helmut de, u. Richard Newald: Geschichte der deutschen Literatur von den Anfängen bis zur Gegenwart. Bd 2.)

Bände ohne besonderen Bandtitel hingegen kann man naturgemäß nicht so zitieren. Will man zum Ausdruck bringen, daß es im Zusammenhang der betreffenden Arbeit oder Bibliographie besonders oder ausschließlich auf einen oder einige Bände einer umfangreichen Ausgabe ankommt, führt man diesen Band, bzw. diese Bände am besten mit einem entsprechenden Hinweis unter dem Gesamttitel auf.

61a Dauthendey, Max: Gesammelte Werke. Bd 1–6. – München: Langen (1925).
Hieraus vor allem:
4. Lyrik.

Der in Klammern nachgestellte Reihen- oder Gesamttitel kann gekürzt werden. Einige sehr verbreitete und wichtige Reihen werden oft durch Siglen bezeichnet, z. B. DLD (Deutsche Literaturdenkmale des 18. und 19. Jahrhunderts), DNL (Deutsche National-Literatur, hrsg. von J. Kürschner), DL (Deutsche Literatur. Sammlung literar. Kunst- und Kulturdenkmäler in Entwicklungsreihen, hrsg. von H. Kindermann), DTM (Deutsche Texte des Mittelalters), NDL oder Ndr. (Neudrucke dt. Literaturwerke des 16. u. 17. Jahrhunderts). Diese Siglen sind bequem im privaten Gebrauch, sollten in Titelangaben jedoch wenigstens durch aus sich selbst verständliche Abkürzungen ersetzt werden (etwa: Dt.

Lit.-Denkm., Dt. Nat.-Lit., Dt. Lit. Entwicklungsreihen, Dt. Texte d. MA, Neudr. dt. Lit.-werke).

Öffentliche und private Sammlungen pflegen meist ein bestimmtes Spezialgebiet. Infolgedessen sind *Kataloge* von Sammlungen nicht selten wertvolle bibliographische Zusammenstellungen, die überdies oft mit nützlichen Anmerkungen versehen sind. Das gleiche gilt von Antiquariatskatalogen, die sich auf Schriften einer bestimmten Gattung, Richtung oder Epoche beschränken.

Kataloge öffentlicher Sammlungen (Ausstellungsführer) werden unter dem Verfasser zitiert, wenn dieser auf dem Titel oder an einer anderen Stelle des Buches ausdrücklich genannt ist. (Der Unterzeichner der Vorrede ist meist der Leiter der Sammlung und muß durchaus nicht der Verfasser des Kataloges sein.)

62 (Raabe, Paul, und H. L. Greve:) Expressionismus. Literatur und Kunst 1910–1923. Eine Ausstellung des Dt. Literaturarchivs im Schiller-Nationalmuseum Marbach a. N. Vom 8. Mai bis 31. Okt. 1960. – (Marbach a. N.: Schiller-Nationalmuseum 1960.) (= Sonderausstellungen des Schiller-Nationalmuseums. Kat. Nr 7.)

Ist kein Verfasser ausdrücklich genannt, stehen Kataloge öffentlicher Sammlungen unter dem Sachtitel.

63 400 Jahre Bayerische *Staatsbibliothek.* (Jubiläumsausstellung. Juni bis Okt. 1958.) – München: Hirmer (1958).

Kataloge von Privatsammlungen sowie Auktions- und Verkaufskataloge werden ebenfalls in erster Linie unter dem Namen des Verfassers zitiert.

64 Zobeltitz, Fedor von: Bibliothek Weisstein. Katalog der Bücher des verstorbenen Bibliophilen Gotthilf Weisstein. Bd 1. 2. – (Leipzig:) Gesellschaft der Bibliophilen 1913.
65 (Kistner, Albrecht u. Erwin:) Die deutsche Jugendbewegung. Antiquariatskatalog. – Nürnberg: Edelmann (1960). (= M. Edelmann. Antiquariatskatalog 68.) [Umschlagt.]

Ist kein Verfasser genannt, stehen Kataloge von Privatsammlungen unter dem Namen des Sammlers.

66 Sammlung Victor *Manheimer.* Deutsche Barockliteratur. Von Opitz bis Brockes. Mit Einl. u. Notizen von Karl Wolfskehl. Versteigerung am 12. Mai 1927. – München: Karl & Faber (1927). [Umschlagt.]

Ist bei Antiquariatskatalogen weder der Verfasser noch ein Sammler angegeben, wird der Katalog unter dem Namen der Antiquariatsfirma aufgeführt.

67 Beijers, J. L., Antiquariat, Utrecht: A Catalogue of 212 Emblem Books. [Verkaufskatalog.] – Utrecht (1952). (= Beijers, J. L.: Cat. 83.)

Ein *Sonderabdruck* sollte in einer Bibliographie – anders als in Bibliothekskatalogen – nur dann als selbständige Schrift erscheinen, wenn er ein eigenes Titelblatt hat oder gar textlich (z. B. durch ein vorgeheftetes Geleitwort) erweitert ist.

68 *Führer* durch die Gerhart-Hauptmann-Ausstellung Breslau 1932. Sonderabdruck a. d. Schlesischen Monatsheften. Schriftltg: Franz Landsberger. – Breslau: Korn (1932). [Umschlagt.]

In allen anderen Fällen zitiert man einen Sonderabdruck besser als das, was er ursprünglich ist: als Beitrag aus einer Zeitschrift, bzw. einem Sammelwerk (s. u. S. 65). Hierzu muß freilich nachgeprüft werden, ob er im Text und in der Seitenzählung mit dem Originaldruck übereinstimmt.

2. Hochschulschriften

Hier sind anzugeben:

	Familienname, Vorname(n) des Verfassers[1]: Sachtitel.
(gegebenenfalls)	Untertitel. Bandangabe. – Hochschulort,
(gegebenenfalls)	Bezeichnung der Hochschule (falls dies nämlich zur Unterscheidung nötig ist), Bezeichnung der Fakultät, des Fachbereichs o. ä. (z. B. Phil., Jur., FB Altertumswissenschaften) Art der Schrift (Diss. oder Habil.-Schr.) Jahr (der Promotion oder Habilitation).

69 Brand, Olga: Traum und Wirklichkeit bei Hugo von Hofmannsthal. – Münster, Phil. Diss. 1932.

Wenn eine Hochschulschrift gleichzeitig oder später im Buchhandel (als selbständige Schrift oder innerhalb einer Zeitschrift) erschienen ist, sollte man immer die *Buchhandelsausgabe* – voraus-

---

[1] Bei Universitätsschriften gilt immer der Doktorand oder Habilitand als Verfasser, auch wenn er in Wahrheit nur der Herausgeber oder Übersetzer eines Textes ist. Von älteren Dissertationen (vor 1800), wo der Praeses als Verfasser erschien, kann hier füglich abgesehen werden.

gesetzt, daß sie vollständig oder sogar erweitert ist – benutzen und zitieren (nach unseren Empfehlungen unter 1. Selbständige Veröffentlichungen oder 3. Beiträge in Zeitschriften). Wünschenswert ist in diesen Fällen ein Zusatz nach folgenden Mustern: *(zugleich Phil. Diss. Bonn 1950)* oder *(vorher Theol. Diss. München 1948)*.

70 Thon, Luise: Die Sprache des deutschen Impressionismus. Ein Beitrag zur Erfassung ihrer Wesenszüge. – München: Hueber 1928. (= Wortkunst. N. F. H. 1.) (vorher Phil. Diss. Bonn 1927.)

71 Zuber, Margarete: Die deutschen Musenalmanache und schöngeistigen Taschenbücher des Biedermeier. 1815–1848. – In: Archiv f. Gesch. d. Buchwesens. Bd 1. Frankf./Main (1958). S. 398–489. [Vorabdr.: Börsenbl. f. d. dt. Buchhandel. Frankfurter Ausg. Jg. 13 (1957) Nr 54a.] (vorher Phil. Diss. München 1955.)

Beim *normalen Dissertationsdruck* (zu erkennen an Titelformeln wie *Inaugural-Dissertation zur Erlangung der Doktorwürde der ... Fakultät der Universität ... vorgelegt von ...)* ist darauf zu achten, daß – wie im Schema angegeben – immer der Hochschulort (wohl zu unterscheiden vom Druckort!) und das Jahr der Promotion angegeben werden. Der Erscheinungsvermerk (Druckort, das Druckjahr als solches und der Drucker) braucht nicht wiedergegeben zu werden.

Promotionsjahr ist das Jahr, in dem die Promotionsurkunde ausgestellt wurde. Dieses Datum ist zu unterscheiden von dem Tag, an dem die Arbeit eingereicht wurde, dem Tag, an dem sie von der Fakultät angenommen wurde, und schließlich dem Tag, an dem der Doktorand das Rigorosum bestand. Denn die Urkunde wurde und wird erst ausgeschrieben, wenn der Doktorand die vorgeschriebenen Pflichtexemplare seiner Dissertation an die Fakultät abgeliefert hat, und darüber kann einige Zeit vergehen. Oft steht das Promotionsdatum *(Tag der Promotion: ...)* auf dem Titel oder dessen Rückseite. Dann liegt der Fall einfach. Häufig ist aber auch nur eines der anderen Daten (Einreichung oder Annahme der Arbeit, Tag der mündlichen Prüfung) angegeben. In diesem Fall wird man bei normalen Dissertationsdrucken meistens das Druckjahr auch als Promotionsjahr ansehen dürfen. Hier sei schon darauf hingewiesen, daß es bei maschinenschriftlichen Dissertationen anders ist. In diesen Arbeiten findet sich mitunter auf dem Titelblatt das Jahr, in dem die Reinschrift entstand und eingereicht wurde. Hier ist deshalb, wenn das Promotionsdatum nicht ausdrücklich angegeben ist, der Tag und somit das Jahr der mündlichen Prüfung als Promotionsdatum anzusehen. Jeden Zweifel kann man übrigens beheben, indem man im ›Jahresverzeichnis der an den deutschen Universitäten und Hochschulen erschienenen Schriften‹ nachschlägt. Dort sind in der letzten Zeile jeder Titelangabe, in kleinerem Grad gedruckt, Hochschule, Fakultät und Promotionsdatum angegeben. Die Titel sind hier laufend numeriert mit der sogenannten U-Nummer. So hat die als Beispiel 69 genannte Arbeit die

Nummer [U 32.6843, d. h. U(niversitätsschriftenverzeichnis) (19)32. (lfd. Nr:) 6843. Bei Bibliotheksbestellungen empfiehlt sich die Angabe dieser Nummer auf dem Leihzettel (unterhalb der Titelangabe), da die Ausführung der Bestellung durch diesen Zusatz erleichtert und beschleunigt wird.

Erschien eine Dissertation im Buchhandel, begnügte sich früher die Fakultät oft mit der Abgabe von Teildrucken. Diese wird man selten benutzen, vielmehr zur Buchhandelsausgabe greifen. Wichtiger sind *Teildrucke*, wenn, was auch vorkommt, neben ihnen nur wenige maschinenschriftliche Exemplare der vollständigen Arbeit existieren. Falls die interessierenden Stellen einer Arbeit gerade in dem Teildruck enthalten sind oder die maschinenschriftlichen Exemplare (z. B. durch Kriegseinwirkung) verlorengingen, kann, bzw. muß man sich mit dem Teildruck begnügen. In der Titelangabe wird er durch den Zusatz *(Teildr.)* als solcher gekennzeichnet.

72 Binder, Alois: Die Sprachkunst Georges in seinen Frühwerken (Teildr.). – Frankfurt, Phil. Diss. 1933.

Manchmal wurden auch nur *Auszüge* gedruckt, die ebenfalls, wenn man auf ihre Benutzung angewiesen ist, entsprechend gekennzeichnet werden müssen.

73 Ass, Maria: Komposition und Darstellungskunst in Detlev von Liliencrons Prosa. – Bonn 1921. (Auszug aus: Ass, Maria: Über Technik und Stil der Liliencronschen Prosa. – Bonn, Phil. Diss. 1919. [Masch.])

Die meisten Hochschulschriften der Kriegs- und Nachkriegszeit (wie schon der Zeit nach dem ersten Weltkrieg) sind nicht im normalen Buchdruck hergestellt. Es empfiehlt sich, dies zu vermerken (vgl. auch S. 53):

durch den Zusatz *[Masch.]*, wenn es sich um das maschinenschriftliche Original oder um einen im gleichen Arbeitsgang hergestellten Durchschlag handelt;

durch den Zusatz *[Masch. vervielf.]*, wenn es sich um ein von Schablonen abgezogenes oder auf photographischem Wege hergestelltes Exemplar handelt. Der sogenannte ‚Photodruck' gilt trotz der maschinenschriftlichen Vorlage als normales Druckverfahren und bedarf deshalb keiner besonderen Kennzeichnung.

(Über die Ermittlung des Promotionsjahres bei maschinenschriftlichen Dissertationen siehe oben S. 63).

74 Eicke, Hans: Das Symbol bei Theodor Däubler. – Berlin, F. U., Phil.
   Diss. 1954. [Masch.]
75 Uebis, Walter: Naturreligiöse Züge im deutschen Schrifttum um 1900. –
   Köln, Phil. Diss. 1952. [Masch. vervielf.]

In ähnlicher Weise wie die Hochschulschriften sind die *Schul-*
schriften zu behandeln, das sind wissenschaftliche Abhandlungen,
die den vor dem Weltkrieg an deutschen, österreichischen und
Schweizer höheren Schulen üblichen Schulprogrammen beigegeben
waren. Hier besteht die Erscheinungsformel aus den Angaben:
Ort, Schule „Programm" (abgekürzt: P) Jahr.

76 Kleiber, Ludwig: Die handschriftliche Überlieferung der Lieder Ulrichs
   von Singenberg. Ein Beitr. zur Kritik der mhd. Liederhss. und zur
   Kenntnis Walthers von der Vogelweide. – Berlin, k. Friedrich-
   Wilhelms-Gymn. P 1889.

3. Beiträge in Sammelwerken und Zeitschriften

Zu unterscheiden sind Aufsätze und Rezensionen (über diese s.
unten S. 72). Zu den Aufsätzen rechnen auch vom jeweiligen
Verfasser namentlich gezeichnete Artikel in lexikalischen Werken
(vgl. auch S. 22). Hier gilt das Stichwort als ‚Titel des Aufsatzes'.
Einige Hinweise für Titelangaben von Zeitungsbeiträgen folgen am
Ende dieses Abschnittes.

Bei *Aufsätzen* sind anzugeben:

> Familienname, Vorname(n) des Verfassers:
> Titel des Aufsatzes. Untertitel. –

> In: Titel des Sammelwerkes oder der Zeitschrift.

Ferner bei Sammelwerken und älteren Zeitschriften:

> Herausgeber. (evtl.) Auflage. Band. Ort
> (evtl.: Verlag) Jahr. Seiten, bzw. Spalten.

bei Zeitschriften nach 1900 und bekannten Handbüchern:

> (nur) Band od. Jahrg. (Kalenderjahr) Seiten,
> bzw. Spalten.

Wir schlagen für diese zweite Gruppe folgende Zeichensetzung
vor: *Euphorion 52 (1958) S. 82–94.* Daneben sind auch diese Formen
in Gebrauch und, wenn man nur einheitlich verfährt, möglich:

Euphorion 52 (1958), S. 82–94. – Euphorion 52, 1958, S. 82–94. – Euphorion 52. 1958. S. 82–94. Die Bezeichnungen *Jg., Bd, H.* usw. brauchen bei Zeitschriften nur dann zur Zählung hinzuzutreten, wenn verschiedene Zählungen sich überschneiden, vgl. Beispiel 86. Stets hingegen sollte bei der Seitenangabe nicht nur die erste Seite des Beitrags mit *ff.,* sondern seine genaue Erstreckung, also die erste und letzte Seite, bezeichnet werden.

77 Alewyn, Richard: Der Geist des Barocktheaters. – In: Weltliteratur. Festgabe für Fritz Strich. In Verb. mit ... hrsg. von Walter Muschg u. Emil Staiger. Bern: Francke 1952. S. 15–38.
78 Ristow, Brigitte: Humanismus. – In: Reallexikon d. dt. Lit.-Gesch. 2. Aufl. Bd 1 (1958) S. 693–727.
79 Anger, Alfred: Landschaftsstil des Rokoko. – In: Euphorion 51 (1957) S. 151–191.

Stimmen freilich neuere Zeitschriften mit einer anderen gleichzeitig erscheinenden Zeitschrift im Titel überein, ist zur Unterscheidung auch bei diesen der Herausgeber oder der Erscheinungsort zu nennen.

80 Schröder, W[alter] J[ohannes]: Zum Bogengleichnis Wolframs, Parz. 241, 1–30. – In: Beitr. z. Gesch. d. dt. Sprache u. Lit. (Tübingen) 78 (1956) S. 453–457.
81 Rupp, Heinz: Leid und Sünde im Heliand und in Otfrids Evangelienbuch. – In: Beitr. z. Gesch. d. dt. Sprache u. Lit. (Halle) 78 (1956) S. 421–469 u. 79 (1957) S. 336–379.

Die Angabe des Erscheinungsortes ist auch dann nützlich, wenn der Titel der Zeitschrift in einer anderen Sprache als der des Landes, in dem die Zeitschrift erscheint, abgefaßt ist, z. B.: Orbis litterarum (København), Neuphilol. Mitteil. (Helsinki).

Sammelwerke müssen immer mit dem vollen Titel genannt werden. In Beispiel 77 dürfte es also nicht unter Übergehung des Titels »Weltliteratur« heißen: *In: Festgabe für Strich ...* oder ähnlich, und für Beiträge aus den Beispielen 44 und 45 dürften als Fundorte nicht angegeben werden: *Gedächtnisschrift für R. Petsch* oder *Scholte-Festschrift,* sondern nur: *Vom Geist der Dichtung. Gedächtnisschrift ...* und: *Verzamelde Opstellen. [Festschrift für] J. H. Scholte. [Amsterdam 1948.];* denn unter ‚Weltliteratur‘, ‚Geist Dichtung‘ und ‚Opstellen Verzamelde‘, also unter den Obertiteln sind diese Sammelwerke in den Bibliothekskatalogen zu suchen.

Zitiert man einen Aufsatz aus der Sammlung von Arbeiten nur

eines Verfassers, so ist darauf zu achten, daß dessen Name (wenigstens seine Initialen) in der Fundortangabe wiederholt wird.

82 Kohlschmidt, Werner: Winckelmann und der Barock. – In: Kohlschmidt: Form und Innerlichkeit. München: Lehnen (1955). S. 11–32.

Wäre hier der Verfassername nicht wiederholt, so könnte, ja müßte man annehmen, der Beitrag stünde in einer Sammelschrift mehrerer Verfasser, die den Titel »Form und Innerlichkeit« führte und also unter diesem Titel gesucht werden müßte. Die Suche wäre vergeblich, da Aufsatzsammlungen eines Verfassers (auch noch zweier und dreier Verfasser) natürlich unter dessen (deren) Namen katalogisiert werden.

In der Fundortangabe können die Titel von Zeitschriften und Handbüchern abgekürzt werden. Die Kürzungen müssen jedoch aus sich selbst verständlich bleiben. Deshalb dürfen Eigennamen nicht gekürzt werden und andere Wörter nur so weit, daß sie leicht zu erkennen sind (z. B. *Philol.* und *Philos.*, während *Phil.* hier doppeldeutig wäre). Nur einige häufig vorkommende Begriffe werden stärker – z. T. durch Zusammenziehung – gekürzt (z. B. Ann. = Annalen, Bl. = Blatt oder Blätter, dt. = deutsch, Jb. = Jahrbuch, Jber. = Jahresbericht, Mschr. = Monatsschrift, Z. = Zeitschrift [daneben ist Zs. üblich], Ztg = Zeitung). Artikel im Innern des Titels sowie Konjunktionen und Präpositionen sollten nur weggelassen werden, wenn sie an nicht ordnungswichtiger Stelle, d. h. nach dem vierten Wort des abgekürzten Titels stehen. Im übrigen verweisen wir auf die Norm

DIN 1502. Regeln für das Kürzen von Wörtern in Titeln und für das Kürzen der Titel von Veröffentlichungen. [Nebst] Beibl. 1. Abkürzungen von Wörtern aus Sprachen mit lateinischen und kyrillischen Schriftzeichen. – Berlin: Beuth Jan. 1984 (Beibl. 1: Dez. 1975).

(In dem Beiblatt sind vor allem die Kürzungen häufig vorkommender Begriffe aufgeführt.)

Wir exemplifizieren diese Regeln an einer Reihe der wichtigsten germanistischen Handbücher und Zeitschriften. Neben den zum Gebrauch empfohlenen Abkürzungen nennen wir dabei die sehr knappen Siglen, die sich z. T. lange vor der Einführung der Normen eingebürgert haben und die in der ausgesprochenen Fachliteratur bevorzugt werden. Es ist nicht zu leugnen, daß solche Siglen sehr bequem sind. Die nachstehend genannten mögen auch innerhalb des Faches allgemein bekannt sein und nicht leicht verwechselt werden können. Aber schon eine Dissertation wendet sich an einen größeren Leserkreis, dem diese Siglen ebensowenig geläufig sind wie dem Germanisten die Siglen vieler alt- oder neuphilologischer, philosophischer oder historischer Fachzeitschriften. Erst recht muß dringend davon abgeraten werden, über die genannten Siglen hinaus weitere zu verwenden oder gar zu bilden. *WW* kann ›Wirkendes Wort‹ meinen, aber auch ›Welt und Wort‹, das als *WuW* unterschieden wieder mit ›Wort und Wahrheit‹ verwechselt werden kann. Die Zahl der vielleicht gar nicht existierenden, aber denkbaren und daher vom Leser zu erwägenden Auflösungsmöglichkeiten ist vollends unabsehbar (Welt und Wissen, Wert und Weisung usf.). *GR* kann sehr vieles bedeuten, *Germ.Rev.* hingegen ist leicht als Abkürzung von ›The Germanic Review‹ zu erkennen. Eine andere Sache ist es, daß Handbücher aus Platzgründen viele Siglen verwenden, da sie in der Regel ein Siglenverzeichnis enthalten, in dem die Auflösungen schnell zu finden sind.

In der folgenden Aufstellung nennen wir jeweils zunächst den Titel des Handbuchs (der Zeitschrift). Auf die Angabe der in der langen Erscheinungszeit häufig wechselnden Herausgeber, Erscheinungsorte und Verlage mußte aus Platzgründen verzichtet werden. Jedem Titel folgt die nach DIN 1502 gebildete Abkürzung und rechts die verbreiteteste Sigle.

Handbücher:
Allgemeine deutsche *Biographie*. Bd 1–56. 1875–1912.
Allg. dt. Biographie   ADB
Neue deutsche *Biographie*. [Bisher:] Bd 1–15. 1953 ff.
Neue dt. Biographie   NDB
Grundriß zur Geschichte der deutschen Dichtung. Von Karl Goedeke. 2. (Bd 4 : 3.) Aufl. [Bisher:] Bd 1–16. 1884 ff.
Goedeke: Grundriß z. Gesch. d. dt. Dicht.   Goed.
Goedekes *Grundriß* zur Geschichte der deutschen Dichtung. N. F. ⟨Fortführung von 1830 bis 1880.⟩ [Bisher:] Bd 1. 1962. [Eine erste Lieferung von 1940 wurde durch die Neubearbeitung ersetzt.]
Goedekes Grundriß z. Gesch. d. dt. Dicht. N. F.   Goed. N. F.
Die deutsche *Literatur* des Mittelalters. Verfasserlexikon. Hrsg. von Wolfgang Stammler u. Karl Langosch. Bd 1–5. 1933–55.
2., völlig neu bearb. Aufl. hrsg. von Kurt Ruh u. a. [Bisher:] Bd 1–6. 1978 ff.
Dt. Lit. d. Mittelalters. Verf.-Lex. (evtl. Zusatz: 2. Aufl.)   Verf.-Lex. (evtl.²)
[In der Abkürzung ,Verf.-Lex.' fehlt gerade das bibliothekarische Ordnungswort des Titels (,Literatur deutsche Mittelalter').]

Deutsche *Philologie* im Aufriß. Hrsg. von Wolfgang Stammler. Bd 1–3 [nebst] Register. 1952–57.
2., überarb. Aufl. Bd 1–3 [nebst] Register. 1957–69.

Dt. Philol. im Aufriß (evtl. Zusatz: 2. Aufl.)   DtPhilAufr. (evtl.²)
[Die Abkürzung ‚Aufriß‘ wäre irreführend, da wiederum gerade dieses
Wort nicht Ordnungswort des Titels ist.]

Reallexikon der deutschen Literaturgeschichte. Hrsg. von Paul Merker u.
Wolfgang Stammler. Bd 1–4. 1925–31.
2. Aufl. Hrsg. von Werner Kohlschmidt u. Wolfgang Mohr (Bd 4 u. 5: Hrsg.
von Klaus Kanzog u. Achim Masser). Bd 1–5. 1958–88.
Reallexikon d. dt. Lit.-Gesch. (evtl. Zusatz: 2. Aufl.)   RL (evtl. ²)

Zeitschriften:

Göttingische Gelehrte *Anzeigen* (1739–52: Göttingische Zeitungen von
gelehrten Sachen; 1753–1801: Göttingische Anzeigen von gelehrten
Sachen). Jg. 1 ff. 1739 ff.
Göttingische Gelehrte Anz.   GGA

Anzeiger für deutsches Altertum und deutsche Literatur. Bd 1 ff. 1876 ff.
[Erscheint als Anhang der ›Zeitschrift für deutsches Altertum und deutsche
Literatur‹, s. u.]
Anz. f. dt. Altertum dt. Lit.   AfdA

Beiträge zur Geschichte der deutschen Sprache und Literatur. Bd 1 ff.
1874 ff.
Beitr. z. Gesch. d. dt. Sprache u. Lit.   PBB
[Hermann Paul und Wilhelm Braune waren die Begründer dieser Zeitschrift, die man deshalb auch ‚Paul und Braunes Beiträge‘ nannte. Daher
dann die Sigle PBB.]
seit 1955 erscheinen parallel:
Bd 77 ff. – Tübingen: Niemeyer 1955 ff.
Bd 77 ff. – Halle: VEB Niemeyer 1955 ff.
Zur Unterscheidung setze man auch bei den Abkürzungen den Verlagsort
hinzu (vgl. die Beispiele 80 und 81).

Dichtung und Volkstum, s. u. Euphorion
Dicht. u. Volkstum   DuV

Euphorion. Zeitschrift für Literaturgeschichte. Bd 1–34 und 45 ff.
1894–1933 und 1950 ff. [Die Bände 35 (1934) – 44 (1944/45) erschienen
unter dem Titel ›Dichtung und Volkstum‹, s. o.]
Euphorion   Euph.

The *Journal* of English and Germanic Philology (1897–1902: The Journal of
Germanic Philology). 1 ff. 1897 ff.
J. of Engl. and Germ. Philol.   JEGPh

Deutsche *Literaturzeitung*. Jg. 1 ff. 1880 ff.
Dt. Lit.-Ztg   DLZ

Germanisch-Romanische *Monatsschrift*. Jg. 1 ff. 1909 ff.
Germ.-Rom. Mschr.   GRM

Publications of the Modern Language Association of America. Vol. 1 ff.
1884 ff.
Publ. of the Mod. Language Assoc.   PMLA

Deutsche *Vierteljahrsschrift* für Literaturwissenschaft und Geistesgeschichte. Jg. 1 ff. 1923 ff.

Dt. Vjschr. f. Lit.-Wiss. Geistesgesch.   DVjs.

[Man findet auch die Siglen DVS und DVLG]

Zeitschrift für deutsches Altertum und deutsche Literatur (Bd 1–18: Zeitschrift für deutsches Alterthum). Bd 1 ff. 1841 ff. [Seit Bd 19 (1876) mit: Anzeiger für deutsches Altertum und deutsche Literatur.]

Z. f. dt. Altertum dt. Lit.   ZfdA (zitiert sich selbst als Zs.)

Zeitschrift für deutsche Philologie. Bd 1 ff. 1868 ff.

Z. f. dt. Philol.   ZfdPh.

Damit ist die Zahl der wichtigen germanistischen Handbücher und Zeitschriften keineswegs erschöpft, geschweige die Zahl derer, die neben anderen auch germanistische Artikel bringen. Der Umfang der vorliegenden Schrift erlaubt ebensowenig ein Verzeichnis der vielen verschiedenartigen Siglen, die benutzt worden sind und benutzt werden. Statt dessen möchten wir für den Fall, daß der Leser Siglen, die er in der wissenschaftlichen Literatur vorfindet, nicht selbst auflösen kann, auf einige Werke hinweisen, deren Abkürzungsverzeichnisse weiterhelfen können.

Jahresberichte über die Erscheinungen auf dem Gebiete der germanischen Philologie. Jg. 1 (für 1879) – 42 (für 1920). 1880–1923. N. F. Bd 1 (für 1921) – 16/19 (für 1936/39). 1924–54.

Jahresberichte für neuere deutsche Literaturgeschichte. Bd 1 (für 1890) – 26,1 (für 1915). 1892–1919.

Fortges. u. d. T.:

Jahresberichte über die wissenschaftlichen Erscheinungen auf dem Gebiete der neueren deutschen Literatur. Bd [1] (für 1921) – 16/19 (für 1936/39). 1924–56.

Nunmehr mit dem erstgenannten Organ vereinigt u. d. T.:

Jahresbericht für deutsche Sprache und Literatur. [Bisher:] Bd 1 (für 1940–45). 2 (für 1946–50). 1960 ff.

Körner, Josef: Bibliographisches Handbuch des deutschen Schrifttums. 3. Aufl. 1949. [dort S. 11–16]

Eppelsheimer, Hanns W[ilhelm] (Bd 2 ff.: bearb. vom Clemens Köttelwesch): Bibliographie der deutschen Literaturwissenschaft. Bd [1] (für 1945–53) – 8 (für 1967/68). 1957–69.

Kumuliert als:

Bibliographisches Handbuch der deutschen Literaturwissenschaft 1945–1969 (Bd 2 u. 3: 1945–1972). Hrsg. von Clemens Köttelwesch. Bd 1–3. 1973–79.

Fortges. u. d. T.:

Bibliographie der deutschen Sprach- und Literaturwissenschaft. Hrsg. von Clemens Köttelwesch (Bd 22 ff.: Hrsg. von Bernhard Koßmann). [Bisher:] Bd 9 (für 1969) – 27 (für 1987). 1970 ff.

Reallexikon der deutschen Literaturgeschichte. 2. Aufl. Bd 1. 1958. [dort S. XI–XVI]

Deutsche Philologie im Aufriß. 2. Aufl. Bd 1. 1957. [dort S. VIII bis XII]

Arnold, Robert F[ranz]: Allgemeine Bücherkunde zur neueren deutschen Literaturgeschichte. 3. Aufl. 1931. [dort S. XXI–XXIV u. S. 16–32]

Auflösungen von Siglen auch aus dem Bereich der Nachbardisziplinen finden sich in den Siglenregistern der jährlichen Bibliographien in der Zeitschrift ›Publications of the Modern Language Association of America‹, ferner in den älteren Ausgaben von ›Kürschners Deutscher Gelehrten-Kalender‹ (Berlin: de Gruyter 1926, 1928/29, 1931. – Die neueren Ausgaben verwenden keine Siglen mehr, sondern vollere Abkürzungen!) und schließlich in der eigens zu diesem Zweck zusammengestellten Schrift: Rust, Werner: Verzeichnis von unklaren Titelkürzungen deutscher und ausländischer Zeitschriften. – Leipzig: Harrassowitz 1927.

Wie sich die Wiedergabe der Band-, Jahrgangs- oder auch Heftzählung den Gegebenheiten anzupassen hat (manche Zeitschriften zählen nach Bänden, andere nach Jahrgängen, wieder andere unterteilen die Jahrgänge in Bände oder beginnen mit jedem Heft eine neue Seitenzählung usw.), zeigen die folgenden Beispiele:

83 Martini, Fritz: Chr. M. Wieland. Zu seiner Stellung in der deutschen Dichtungsgeschichte im 18. Jahrhundert. – In: Der Deutschunterricht (Stuttgart) 8 (1956) H. 5, S. 87–112.
(Hier ist die Nennung des Heftes notwendig, weil die Seiten im Jahrgang nicht durchgezählt sind, sondern jedes Heft seine eigene Seitenzählung hat. Die Hinzufügung von Stuttgart ist nötig, da eine Zeitschrift mit gleichem Titel auch in Berlin-Ost erscheint.)

84 Wohlfarth, Paul: Die Bildersprache in Gottfried Kellers Sieben Legenden. – In: Muttersprache 1952, S. 273–280.
(Diese Zeitschrift zählt nicht nach Bänden; daher tritt die Bezeichnung des Kalenderjahres an die Stelle der Bandzählung. Ähnlich liegt der Fall in Beispiel 41. Da jedoch ›Die Neue Rundschau‹ früher die Bände zählte, ist diese Zählung dort fingiert – deshalb die eckigen Klammern – fortgesetzt.)

85 Majut, Rudolf: Der dichtungsgeschichtliche Standort von Ernst Jüngers »Heliopolis«. – In: Germ.-Rom. Mschr. 38 (1957) S. 1–15.
(Dieser Band der ›Germanisch-Romanischen Monatsschrift‹ ist eigentlich doppelt gezählt, nämlich als ‚Neue Folge Bd VII‘ und als ‚XXXVIII. Band der Gesamtreihe‘. Es genügt, wenn – neben dem Kalenderjahr – die Gesamtzählung angegeben wird.)

86 Dörrer, A[nton]: Mittelalterliche Mysterienspiele in Tirol. – In: Archiv f. d. Studium d. neueren Sprachen. Jg. 88, Bd 164 (1933) S. 161–177 und Jg. 89, Bd 165 (1934) S. 6–10.
(Das Archiv zählt Jahrgänge und Bände. Von letzteren kamen früher meist zwei auf einen Jahrgang. Mit jedem Band beginnt eine neue Seitenzählung, andererseits findet man die Jahrgänge, die ihrerseits nicht immer mit Kalenderjahren übereinstimmen, meist zusammengebunden. Daher empfiehlt es sich, beide Zählungen zu zitieren. Hingegen braucht nicht erwähnt zu werden, daß der Bd 164 gleichzeitig Bd 64 der neuen Serie ist.)

Besprechungen (Rezensionen) können – wie Aufsätze – als selbständige Titel zitiert werden. Dabei ist zu berücksichtigen, in welcher der vier nachstehend beschriebenen Formen sie erschienen sind.

1. Meistens erscheinen Besprechungen im Referatenteil einer Zeitschrift oder in Zeitschriften, welche nur Referate bringen. In der Regel ist ihnen der Titel der besprochenen Schrift vorangestellt. – Die Titelangabe beginnt mit dem Namen des Rezensenten. Er wird durch den Zusatz *(Bespr.)* oder *(Rez.)* als solcher gekennzeichnet. Als Sachtitel dient der Titel der besprochenen Schrift in der üblichen Reihenfolge seiner Bestandteile (Verfasser: Sachtitel. Erscheinungsvermerk). Nach Gedankenstrich und einleitendem *In:* folgt der Fundort der Besprechung.

87 Greiner, Martin (Bespr.): Viëtor, Karl: Georg Büchner. Politik, Dichtung, Wissenschaft. Bern 1949. – In: Dt. Lit.-Ztg 73 (1952) Sp. 648–651.

2. Hat die Besprechung eine Überschrift, aus der nicht eindeutig hervorgeht, daß es sich um eine Besprechung handelt und welche Schrift besprochen ist, setzt man mit der Formel *(über …)* den Titel der besprochenen Schrift hinzu.

88 Meyer, Herman: Mörike in seiner Welt (über Manfred Koschlig: Mörike in seiner Welt. Stuttgart 1954). – In: Neophilologus 40 (1956) S. 73–75.

3. Neben Besprechungen einzelner gibt es Besprechungen mehrerer Schriften: zunächst die sogenannten Sammelreferate, die oft eine allgemeine Überschrift haben. Hier tritt der Zusatz *[Sammelreferat]* vor oder hinter den Sachtitel. Der Zusatz *(Bespr.)* beim Namen des Rezensenten erübrigt sich dadurch.

89 Fuchs, Eduard: Zum deutschen Schrifttum vom 15. bis zum frühen 18. Jahrhundert. Neudrucke und Untersuchungen. [Sammelreferat.] – In: Euphorion 31 (1930) S. 616–627.

4. Umfangreicher als Sammelreferate sind die sogenannten Forschungsberichte. Hier ist der Zusatz *[Forschungsbericht]* am Platze, wenn ein derartiger Hinweis nicht schon im Titel enthalten ist.

90 Oppel, Horst: Stand und Aufgaben der Büchner-Forschung. – In: Euphorion 49 (1955) S. 91–109.

Eine Besprechung soll als selbständiger Titel aufgeführt werden, wenn sie selbst (mitunter die wertvolle Rezension einer unbedeutenden Schrift) Anregungen und Material gegeben hat. Ist dies nicht oder nur in geringem Maße der Fall oder handelt es sich um eine bibliographische Zusammenstellung, in der die Besprechung in erster Linie der besprochenen Schrift wegen interessiert, wird sie zweckmäßigerweise auch im Anschluß an diese – also unselbständig – zitiert. Nach einleitendem *Bespr.:* oder *Rez.:* werden dann nur der Name des Rezensenten und die Fundstelle der Rezension genannt. Liegen mehrere Besprechungen vor, können sie gleich hintereinander aufgeführt werden.

91 Viëtor, Karl: Georg Büchner. Politik, Dichtung, Wissenschaft. – Bern: Francke 1949.
  Bespr.: Martin Greiner, Dt. Lit.-Ztg. 73 (1952) Sp. 648–651.
  Genevieve Bianquis, Erasmus 3 (1950) Sp. 665–668.
  Oskar Seidlin, Mod. Language Notes 65 (1950) S. 554–556.
  Hermann J. Weigand, Germ. Rev. 26 (1951) S. 68–71.
  Fritz Bergemann, Dt. Vjschr. f. Lit.-Wiss. Geistesgesch. 25 (1951) S. 119–121.
  Horst Oppel, Euphorion 49 (1955) S. 91–93.
  [Auf diesen Seiten nämlich handelt Oppel in dem als Beispiel 90 genannten Forschungsbericht über Viëtors Buch.]

Bei *Zeitungsaufsätzen und -meldungen* ist die Fundortangabe meist etwas schwieriger als bei Zeitschriftenbeiträgen. Zunächst ist zu beachten, daß die Zeitung mit demjenigen Titel bezeichnet werden muß, der sich auf dem Kopf der Zeitung findet, auch wenn ein anderer (früherer oder späterer) Titel bekannter ist. Ein solcher Titel kann wohl (evtl. in Klammern) hinzugesetzt werden (vgl. Beispiel 93). Nächst dem Titel ist vor allem die Datumsangabe wichtig. Man verbindet sie zweckmäßigerweise mit der Angabe der Nummer[1]. Schließlich ist zu bedenken, daß die großen Zeitungen oft in verschiedenen Ausgaben erschienen sind und erscheinen (Lokalausgabe, Reichsausgabe usw.), die nicht in allen Teilen inhaltsgleich sind. Wir empfehlen daher folgendes Schema für Titelangaben von Zeitungsaufsätzen und -meldungen:

---

[1] Hans Jessen hielt in seinem Aufsatz »Das Zitieren von Zeitungen in wissenschaftlichen Arbeiten« (In: Zeitungswissenschaft 17 (1942) S. 316–325) die Angabe der Nummer neben dem Datum für entbehrlich. In der neueren Praxis der publizistischen Dokumentation hat sich jedoch die Nennung auch der Nummer eingebürgert und bewährt. Sie erübrigt in der Regel zugleich Zusätze wie ‚Morgenausg.‘ oder ‚Abendausg.‘, wenn eine Zeitung am gleichen Tag mehrmals erscheint.

Familienname, Vorname(n) des Verfassers:
(entfällt bei Meldungen)

Titel des Aufsatzes, bzw. der Meldung. –

In: Titel der Zeitung in Kurzform.

(wenn nötig)   Ort: Verleger

(wenn nötig)   Art der Ausgabe (z. B. Reichsausgabe).

(auf jeden Fall) Nummer u. Datum,
                  Blattangabe oder Seitenzahl oder Titel der
                  Beilage

92 Samuel, Richard: Die Suche nach der blauen Blume. Anmerkungen zu
den neugefundenen Novalis-Handschriften. – In: Frankf. Allg. Ztg.
Nr 266 v. 12. 11. 1960, Feuilleton.
In diesem Beispiel braucht der Erscheinungsort nicht angegeben zu
werden, weil er aus dem Titel hervorgeht, hingegen müßte es heißen:
‚Tagesspiegel. Berlin.‘

93 Remy, Nahida: Die Wiener Volksbühne. I–III. – In: Kgl. privileg.
Berlinische Ztg. Vossische Ztg. Sonntagsbeilage. Nr 30–32 v. 27. 7.,
3. 8. u. 10. 8. 1884.
(Die Angabe ‚Sonntagsbeilage‘ wird hier zum Titel gezogen, weil die
Sonntagsbeilagen der ›Vossischen Zeitung‹ zu Jahrgängen mit eigenem
Titel und Inhaltsverzeichnis zusammengefaßt wurden.)

Einige weitere Beispiele für Titelangaben von Zeitungsbeiträgen
finden sich auf S. 27 f..

II. Schrift und Schreibung

Der Titel wird in lateinischer Schrift wiedergegeben, auch wenn
er in Frakturschrift gedruckt ist. Andere Schriftarten werden
transkribiert. Nur griechische Schrift wird oft beibehalten. (Nach
den neuen „Regeln für die alphabetische Katalogisierung" wird
auch diese regelmäßig transkribiert).

Andere Ziffern als die sogenannten arabischen werden außerhalb
des Sachtitels in der Regel durch diese ersetzt (z. B. in den
Jahresangaben, die häufig in römischen Ziffern gegeben sind).
Ebenso werden (außerhalb des Sachtitels!) wörtlich ausgeschriebene Zahlen durch Ziffern ersetzt, z. B. statt ‚Fünfte Auflage‘
5. Aufl.

Nur bei älteren Schriften wird die Schreibung der Vorlage tun-
lichst genau übernommen. Ernst Alfred Philippson hat in seiner
Besprechung des Buches »German Baroque Literature« von Curt

von Faber du Faur (In: J. of Engl. and Germ. Philol. 59 (1960) p. 354–357) darauf hingewiesen, wie wichtig für die Unterscheidung alter Drucke geringfügige Varianten des Titels (Virgeln, römische Zahlen usw.) sein können. Von drei Ausgaben der Benjamin Neukirch'schen Sammlung (»Herrn von Hofmannswaldau und andrer Deutschen auserlesene und bißher ungedruckte Gedichte«), die im Jahre 1697 erschienen seien, unterscheide sich eine (von Faber du Faur, Nr 1345) durch Kommata statt Virgeln auf dem Titelblatt und – durch viele Textvarianten. Auch unser Beispiel 16 läßt erkennen, wie wichtig die typografisch genaue Titelangabe bei älteren Werken sein kann. Stünde die Jahreszahl 1654 nicht am Ende des Buches, könnte man sie auch aus den Zeilen „IM Iahr aLs hier DIe ELbe fLosse" herauslesen; denn die großen Buchstaben dieser Zeilen (ohne E, das bekanntlich unter den römischen Ziffern nicht vorkommt) ergeben umgestellt: MDLLLIIII = 1654. Es handelt sich um ein sogenanntes ‚Chronogramm'.

Bei neueren Schriften – die heute übliche knappe Form des Titels bürgerte sich im 18. Jahrhundert ein – sind Vereinfachungen der Schreibung gebräuchlich, falls nicht ein ausgesprochen buchgeschichtliches Interesse vorliegt. So werden Wörter, die in Majuskeln (großen Buchstaben) gedruckt sind, in der gebräuchlichen Schreibung wiedergegeben. Vom Verfasser bewußt angewandte Schreibung mit kleinen Anfangsbuchstaben bleibt freilich erhalten – mit Ausnahme des Verfassernamens und des ersten Wortes im Sachtitel.

94 Meyer, Alfred Richard: Die maer von der musa expressionistica. Zugleich eine kleine quasi-literaturgeschichte mit über 130 praktischen beispielen. – Düsseldorf-Kaiserswerth: die faehre (1948).

Bei den neueren Schriften wird auch auf die genaue Wiedergabe typografischer Eigenheiten wie des Gebrauchs von i für j, von u für v und umgekehrt, von uu und vv für w und dgl. verzichtet. Die Orthographie hingegen (z. B. Schreibung mit th, ‚aechte', ‚Litteratur' u. ä.) wird – wenigstens im Sachtitel – immer beibehalten. Druckfehler, ganz ungewöhnliche und falsche Schreibungen sollen mit in Klammern beigesetztem Ausrufezeichen übernommen werden.

III. Die alphabetische Ordnung
der Verfassernamen und der Sachtitel

Vorbemerkung: Die Kenntnis der hierfür geltenden Grundsätze ist nicht nur für die Anordnung in Literaturverzeichnissen, sondern auch für die Benutzung der alphabetischen Kataloge der Bibliotheken nützlich. Man beachte aber, daß die Schreibung der Vornamen, die in Titelangaben unverändert wiedergegeben werden (z. B. Carl, Clara, Hellmuth) für die Einreihung in Bibliothekskataloge normalisiert wird (also Karl, Klara, Helmut), daß ferner im Kopf der Katalogkarten die Umlaute aufgelöst werden und *ß* als *ss* wiedergegeben wird.

Bei *griechischen und lateinischen Autoren* ist *der* Bestandteil des Namens maßgebend und also in der Titelangabe voranzustellen, unter dem der Autor bekannt ist.

z. B.: Aristides, Aelius: Dio Chrysostomus:

       Cicero, M. Tullius: Horatius Flaccus, Q.:

Beachte: In Bibliothekskatalogen findet man die griechischen Namen in der latinisierten Form, also nicht Platon, sondern Plato, nicht Aischylos, sondern Aeschylus. Bei Titelangaben richtet man sich nach der Vorlage.

Auch bei fremdsprachigen Titeln wird die Abhängigkeit zwischen den Bestandteilen des Titels aufgelöst, der Name des Verfassers z. B. tritt immer in den Nominativ.

Vorlage:

P. PAPINI STATI | THEBAIS ET ACHILLEIS | RECOGNOVIT | BREVIQVE ADNOTATIONE CRITICA INSTRVXIT | H. W. GARROD | COLLEGII MERTONENSIS SOCIVS | OXONII | E TYPOGRAPHEO CLARENDONIANO

(Auf dem Blatt davor der Reihentitel:
SCRIPTORUM CLASSICORUM BIBLIOTHECA OXONIENSIS)

(Auf der Rückseite des Titelblattes folgende ergänzenden Angaben:
FIRST EDITION 1906 | Reprinted lithographically in Great Britain | at the UNIVERSITY PRESS, OXFORD | from corrected sheets of the first edition | 1954)

Titelangabe:

95 Statius, P. Papinius: Thebais et Achilleis. Recogn. brevique adnotatione critica instruxit H. W. Garrod. (1 ed. 1906, corr. repr.) – Oxonii: Typogr. Clarendon. (1954). (Scriptorum classicorum Bibliotheca Oxoniensis.)

Man sehe sich aber vor, daß man nicht versehentlich einen zum Familiennamen erstarrten Genitiv auflöst.

Vorlage:

JO. AUG. ERNESTI | OPUSCULA | ORATORIA, | ORATIONES
PROLUSIONES | ET ELOGIA. | Accessit | NARRATIO | DE | JO.
MATTHIA GESNERO | AD | DAVIDEM RUHNKENIUM V. C. |
LUGDUNI BATAVORUM, | Apud SAMUELEM et JOHANNEM
LUCHTMANS, | Academiae Typographos, 1762.

Titelangabe:

96 Ernesti, Jo[hann] Aug[ust]: Opuscula oratoria. Orationes, prolusiones
et elogia. Accessit narratio de Jo. Matthia Gesnero ad Davidem
Ruhnkenium v. c. – Lugduni Batavorum: Luchtmans 1762.

Bei *mittelalterlichen Autoren* sowie bei *geistlichen und weltlichen
Würdenträgern* (Päpsten, Bischöfen, Ordensgliedern, sofern diese
nicht unter ihrem Familiennamen bekannt sind, wie z. B. Kardinal
J. H. Newman; bei regierenden Fürsten und Mitgliedern regieren-
der Häuser) ist der persönliche Name maßgebend (d. i. der Tauf-
name oder der beim Eintritt in die Würde oder den Orden ange-
nommene Name).

z. B.: Hartmann von Aue: Wolfram von Eschenbach:
     Anton Ulrich, Herzog von Braunschweig-Wolfenbüttel:

In Zweifelsfällen bei spätmittelalterlichen Autoren, die oft schon
einen Beinamen führen, der einem Familiennamen ähnlich ist, halte
man sich an die Einordnung des betreffenden Autors in »Die
deutsche Literatur des Mittelalters. Verfasserlexikon« (Bd 1–5.
Berlin: de Gruyter 1933–55).

Bei *Autoren der Neuzeit* ist der Familienname maßgebend.

z. B.: Mörike, Eduard: Körner, Josef:
     Maeterlinck, Maurice: Rousseau, Jean Jacques:

Dabei wird der einfache unverbundene *Artikel* vor dem Namen
in den germanischen Sprachen nicht berücksichtigt, in den romani-
schen dagegen zum Namen gezogen.

z. B.: Vries, Jan de: Kinderen, Timon Henricus
     der:
aber: Le Fort, Gertrud von: La Marmora, Alphons:

Die einfache unverbundene *Präposition* vor dem Namen wie vor
Artikel und Namen wird nie berücksichtigt.

z. B.: Humboldt, Wilhelm von: Hagen, Friedrich Heinrich
     von der:
     Lagarde, Paul de: Las Cagigas, Isidro de:

Sind *Präpositionen und Artikel* verschmolzen oder fest verbunden (am, auf'm, aus'm, im, vom, zum, zur; ten, ter, thor, vander; du, des; del, della, dei, degli, delle usw.), so werden sie zum Namen gezogen.

z. B.: Zur Linde, Otto: Vander Linden, Albert:
Della Corte, Francesco:

In allen Fällen, in denen Präposition, Artikel oder beide nach den vorstehenden Regeln unberücksichtigt bleiben sollten, aber in der Schrift mit dem Namen verbunden sind, werden sie zum Namen gezogen.

z. B.: Vanderbilt, Arthur T.:   Vandenhoven, Hubert:
Delacroix, Eugène:

Die neuen „Regeln für die alphabetische Katalogisierung" differenzieren jetzt stärker nach den verschiedenen Sprachen, ohne daß dies hier im einzelnen dargestellt werden müßte, da die Regeln für die Kataloge Verweisungen von den nicht berücksichtigten Formen vorsehen.

Verwandschaftsbezeichnungen werden zum zugehörigen Namensbestandteil gezogen:

z. B.: McCarthy, Mary Therese: O'Neill, Eugene:
Bar-Hillel, Yehoshua:

Da anonyme Schriften und Schriften von mehr als drei Verfassern unter Voranstellung des *Sachtitels* genannt, da ferner auch die Einzelschriften eines Verfassers untereinander alphabetisch geordnet werden sollen, ist es nützlich zu wissen, welche Wörter in den Sachtiteln für die alphabetische Einordnung maßgebend sind (‚Ordnungswörter'). Hier können allerdings nur die wichtigsten Grundsätze referiert werden. Als Beispiele nennen wir sowohl Anonyma und Vielverfasserschriften, die von vornherein, als auch Schriften einzelner Verfasser, die erst innerhalb des Verfassernamens nach dem Sachtitel einzuordnen sind.

Die Preußischen Instruktionen unterscheiden ‚Titel in gewöhnlicher Form' und ‚Satztitel'.

Titel in gewöhnlicher Form sind solche, die den Inhalt der Schrift durch ein Substantiv oder substantivisch gebrauchtes Wort ausdrücken. In diesen Titeln wird das erste regierende, d. h. in keinem attributiven oder adverbiellen Verhältnis stehende Substantiv oder substantivisch gebrauchte Wort Ordnungswort.

Griechischer *Frühling*. Der *Mann* ohne Eigenschaften. *Hermann* und Dorothea. Johannes Kreislers des Kapellmeisters musikalische *Leiden*. Aus dem *Leben* eines Taugenichts. Vom *Werden* des Geistes. Die *Suchenden*. Das *Neueste* aus dem Reiche des Witzes. *Eine* der merkwürdigsten Episoden.

Vornamen und appositionell gestellte Substantive gelten als abhängig und werden zunächst übergangen.

Emilia *Galotti*. Familie *Selicke*. Meister *Martin* der Küfner und seine Gesellen.

Komposita mit oder ohne Bindestriche gelten als *ein* Wort.

Gerhart-Hauptmann-Jahrbuch. Sint Servaes Legende.
Modern Language Review.

Die vor allem für englische Titel schwer überschaubaren Fälle, in denen das Vorliegen eines Kompositums angenommen bzw. nicht angenommen wird, können hier im einzelnen nicht dargestellt werden.

Bezeichnet das erste regierende Substantiv nur den Umfang der Schrift oder ihr Verhältnis zu anderen Teilen desselben Werkes, wird das zunächst von ihm abhängende Substantiv Ordnungswort.

Satirischer und ernsthafter *Gedichte* erster Teil. [Obwohl ‚Gedichte‘ grammatisch von Teil abhängig ist.]

In Fällen allerdings, wo eine solche Umfangsbezeichnung wesentlich zum Titel gehört, wird sie nicht übergangen.

Continuatio des abentheuerlichen Simplicissimi oder Schluß desselben.

Oft reicht ein Wort zur endgültigen Einordnung eines Sachtitels nicht aus. Man denke an die vielen ‚Zeitschriften‘, ‚Jahrbücher‘, ‚Beiträge‘ usw. Dann werden die übrigen wesentlichen Wörter des Titels herangezogen, und zwar in der im Titel gegebenen Reihenfolge. Artikel, Präpositionen, ihnen gleichartige Wendungen und unbestimmte Zahlwörter, die nicht substantivisch gebraucht sind, werden übergangen.

[2]Deutsche [1]*Vierteljahrsschrift* für [3]Literaturwissenschaft und [4]Geistesgeschichte. [2]Neue [3]Heidelberger [1]*Jahrbücher*.

Diese Regelung erfährt insofern eine Einschränkung, als grammatisch abhängige Wörter, auch Vornamen und substantivische

Appositionen, die ihrem Regens voraufgehen, erst nach diesem gelten.

¹*Zeitschrift* für ³deutsche ²Philologie.
Die ¹*Kunst,* ⁴seine ³Schulden zu ²bezahlen.

Als Satztitel gelten Titel, die aus einem vollständigen oder unvollständigen Satz bestehen, ferner solche, die kein Substantiv oder substantivisch gebrauchtes Wort enthalten. In ihnen gilt das erste Wort unter Übergehung des Artikels als Ordnungswort. Zur weiteren Ordnung werden alle folgenden Wörter (einschließlich des Artikels) in ihrer Reihenfolge herangezogen.

Einen ¹*Jux* ²will ³er ⁴sich ⁵machen.
¹*Wie* ²ich ³es ⁴sehe.
¹*Und* ²Pippa ³tanzt.
¹*Der* [Relativpronomen, nicht Artikel!] ²nie ³verlor.
¹*An* ²den ³Rand ⁴geschrieben.
¹*Auch* ²einer.
Auch Titel wie ›¹*Vom* ²Fels ³zum ⁴Meer‹ zählen zu den Satztiteln (hingegen »Am ¹*Brunnen* vor dem ²Tore«, weil die zweite Aussage von der ersten abhängig ist).

Bei Titeln in gemischter Form wird jeder Teil nach seinen eigenen Regeln behandelt.

Das ¹*Lustspiel:* ²Was ³ihr ⁴wollt. Ein ¹*Mord,* ²den ³jeder ⁴begeht.

Die Kataloge der deutschen Bibliothek sind überwiegend nach den Vorschriften der „Preußischen Instruktionen" angelegt. Ein unter Berücksichtigung der Empfehlungen der Internationalen Katalogkonferenz (Paris 1961) weiterentwickeltes Regelwerk für die alphabetische Katalogisierung ist in den vergangenen Jahren von Kommissionen der deutschsprachigen Länder (Bundesrepublik, DDR und Österreich) unter Beteiligung Schweizer und Luxemburger Vertreter gemeinsam erarbeitet worden:

Regeln für die alphabetische Katalogisierung. RAK. (Autoris. Ausg. Red. Bearb.: Irmgard Bouvier.) – Wiesbaden: Reichert 1977.

Die zwei wichtigsten Neuerungen sind:

1. Die Nennung anonymer Schriften unter der Körperschaft, die sie erarbeitet oder veranlaßt und herausgegeben hat, statt unter dem Sachtitel, sofern der Name der Körperschaft im Sachtitel enthalten ist oder zur vollständigen Benennung der Schrift ergänzt werden muß. Wenn dies nicht der Fall ist, erfolgt die Haupteintra-

gung wie bisher unter dem Sachtitel und erhält die Körperschaft nur eine Nebeneintragung.

Als *anonym* gelten dabei auch die von einer Körperschaft veranlaßten und herausgegebenen Schriften, deren Verfasser nicht auf der Titelseite genannt sind, und gemeinschaftliche Werke von mehr als drei Verfassern. Als *Körperschaften* werden unabhängig von der juristischen Definition angesehen a) sämtliche Personenvereinigungen, Organisationen und Institutionen, Unternehmen und Veranstaltungen, die eine durch ihren Namen individuell bestimmbare Einheit bilden (z. B. Gesellschaften, Vereine, Verbände, Arbeitsgemeinschaften; Parteien, Genossenschaften, Gewerkschaften; berufsständische Kammern; Kirchen, Orden, Klöster; Akademien, Universitäten, Hochschulen, Schulen; Institute, Archive, Bibliotheken, Museen, Theater; Firmen, Betriebe; Banken, Börsen; Kongresse, Tagungen; Messen, Ausstellungen), b) die öffentlich-rechtlichen Gebietskörperschaften (z. B. Staaten, Länder, Kreise, Gemeinden; als Abteilungen der Gebietskörperschaften werden deren Organe mit überwiegend legislativen, exekutiven, richterlichen, diplomatischen und militärischen Funktionen angesetzt, während andere Dienststellen und Einrichtungen wie Universitäten, Bibliotheken und Museen als selbständige Körperschaften aufgeführt werden).

2. Die Ordnung der Sachtitel nach der gegebenen Wortfolge.

Dabei bleiben nur der bestimmte oder unbestimmte Artikel und die gleichlautenden Zahlwörter und Pronomina am Anfang des Titels unberücksichtigt, und zwar immer nur ein Wort dieser Art. Abgesehen von der Variante, daß auch Zahlwörter und Pronomina, die den Artikeln gleichlauten, am Anfang des Titels übergangen werden, entspricht diese Ordnung der geschilderten Behandlung der Satztitel durch die Preußischen Instruktionen. Die Entscheidung – in früheren Auflagen dieser Schrift als noch offen bezeichnet – ist also für die Ordnung „Wort für Wort" und gegen den Vorschlag „Buchstabe für Buchstabe" gefallen.

Die oben (S. 79) aufgeführten Beispiele würden hinsichtlich der alphabetischen Einordnung nach den neuen Regeln also wie folgt behandelt: [1]*Griechischer* [2]Frühling. [1]*Johannes* [2]Kreislers [3]des [4]Kapellmeisters [5]musikalische [6]Leiden. [1]*Aus* [2]dem [3]Leben [4]eines [4]Taugenichts. Das [1]*Neueste* [2]aus [3]dem [4]Reiche [5]des [6]Witzes. Eine [1]*der* [2]merkwürdigsten [3]Episoden. [1]*Familie* [2]Selicke. [1]*Neue* [2]Heidelberger [3]Jahrbücher.

Abkürzungen in Sachtiteln und in Namen von Körperschaften als Urheber werden im allgemeinen nicht aufgelöst. Wenn mehrere aufeinander folgende Abkürzungen gewöhnlich durch ein Spatium oder durch ein Zeichen, dem ein Spatium vorangeht oder folgt, getrennt werden, gilt jede von ihnen als ein Ordnungswort ([1]*Festschrift* [2]für [3]F. [4]A. [5]Meyer). Folgen von Initialen und ähnliche Buchstabenfolgen sowie Folgen von Einzelbuchstaben, die keine Abkürzungen sind, werden jedoch wie eine durchgehende Buchstabenfolge behandelt, auch wenn sie in der Vorlage durch Spatien oder Zeichen, denen ein Spatium vorangeht oder folgt, getrennt sind (USA, auch wenn in der Vorlage U. S. A., GEMA, Unesco).

Wann diese Änderungen außer in neugegründeten Bibliotheken wirksam werden, ist noch nicht abzusehen. Eine Umarbeitung der bisher geführten Kataloge dürfte unmöglich sein. Dies bedeutet, daß für die Benutzung von Katalogen und erst recht für die Benutzung von älteren Bibliographien die Kenntnis der bisherigen Form der Titelangaben unerläßlich bleiben wird. Die Vorteile und Nachteile der beiden Verfahrensweisen darzustellen, ist hier nicht der gegebene Ort. Das neue System setzt beim Katalogbenutzer jedenfalls eine sehr genaue Kenntnis des Titelwortlauts sowie gegebenenfalls des Körperschaftsnamens voraus. Dabei soll nicht verkannt werden, daß die RAK eine Fülle von benutzerfreundlichen Nebeneintragungen und Verweisungen vorsehen. So erscheinen anonyme Schriften, die von einer Körperschaft verursacht worden sind, außer unter der Körperschaft auch unter dem Sachtitel.

Bei der Hervorhebung der Ordnungswörter beließen wir es bei der bisherigen Praxis, da die Kenntnis der grammatikalischen Ordnung angesichts der bestehenden Kataloge und unersetzlichen Bibliographien unentbehrlich bleiben wird. Damit soll nicht gesagt sein, daß man sich in einem Literaturverzeichnis oder einer Bibliographie nicht auch für die Ordnung nach der gegebenen Wortfolge, wie wir sie auf Seite 81 geschildert haben, entscheiden kann. Die geänderten Empfehlungen für die Kürzung der Titel von Zeitschriften (vgl. S. 67), wonach Artikel im Innern des Titels sowie Konjunktionen und Präpositionen nicht mehr weggelassen werden sollen, wenn sie an ordnungswichtiger Stelle, d.h. unter den ersten vier Wörtern stehen, nehmen Rücksicht auf die Tatsache, daß neue Bibliothekskataloge nach der gegebenen Wortfolge ordnen.

IV. Die gekürzte Titelangabe und die Titelbeschreibung

Schon bei der Behandlung der Quellenangaben (S. 20–22) wiesen wir darauf hin, daß zitierte Quellen bei der ersten Nennung genau bezeichnet werden müssen, später jedoch abgekürzt zitiert werden dürfen. Dies gilt auch von der Sekundärliteratur. Die genaue Bezeichnung bei der ersten Erwähnung ist notwendig, damit der Leser nicht durch das Nachsuchen im Literaturverzeichnis aus dem Zusammenhang gerissen wird.

Für die Form des Belegs in der Fußnote ist entscheidend, ob die zu zitierende Schrift als Ganzes gemeint ist oder ob der Fundort eines einzelnen Zitates bezeichnet werden soll. Im ersten Fall unterscheidet sich die Titelangabe in der Fußnote von der Angabe im Literaturverzeichnis nur dadurch, daß der Vorname des Verfassers nicht nachgestellt wird (eine alphabetische Ordnung kommt hier kaum in Frage), daß man den Sachtitel möglichst kurz angibt und daß der Gedankenstrich vor dem Erscheinungsvermerk, der umgekehrt gerade in maschinenschriftlichen Literaturverzeichnissen die Titelangaben wesentlich übersichtlicher macht, hier wegbleibt. Im übrigen wird vorgeschlagen, die Doppelpunkte und Punkte zwischen den einzelnen Bestandteilen des Titels auch in den Fußnoten beizubehalten. Vor allem in Typoskripten ist dies übersichtlicher, als wenn man (nach »Duden«) die einzelnen Bestandteile des Titels nur durch Kommata trennt.

[1]Georg Steinhausen: Geschichte des deutschen Briefes. T. 1. 2. Berlin: Gaertner 1889–91.
[2]Bernhard Blume: Die Kahnfahrt. Ein Beitr. zur Motivgesch. des 18. Jh. In: Euphorion 51 (1957) S. 355–384.

Wenn nur eine einzelne Stelle bezeichnet werden soll, ändert sich entsprechend die Band- und Seitenangabe, und bei mehrbändigen Werken werden nur die den zitierten Band betreffenden Angaben gemacht (in unserem ersten Beispiel die Jahresangabe *1891*).

[1a]Georg Steinhausen: Geschichte des deutschen Briefes. T. 2. Berlin: Gaertner 1891. S. 118.
[2a]Bernhard Blume: Die Kahnfahrt. Ein Beitr. zur Motivgesch. des 18. Jh. In: Euphorion 51 (1957) S. 377.

Diese Beschränkung auf eine einzelne Stelle schon bei der ersten Nennung setzt freilich voraus, daß die vollständigen Titel in einem Literaturverzeichnis zu finden sind. Ist dies – z. B. in einem Zeitschriftenaufsatz – nicht der Fall, empfiehlt es sich, beide Formen zu verbinden, indem man schreibt:

... Briefes. T. 1.2. Berlin: Gaertner 1889–91; hier T. 2, S. 118.
... des 18. Jh. In: Euphorion 51 (1957) S. 355–384; hier S. 377.

Bei späteren Erwähnungen des gleichen Werkes oder Aufsatzes kann man sich in der Fußnote auf den Familiennamen des Verfassers mit abgekürztem oder auch ohne Vornamen, den möglichst

gekürzten Sachtitel und die (allerdings immer genaue) Stellenangaben nach Band und Seite beschränken.

³Steinhausen: Gesch. d. dt. Briefes. T. 1, S. 95.
⁴Blume: Die Kahnfahrt. S. 382.

Vor allem in sprachwissenschaftlichen Publikationen hat sich statt der
Quellenangabe durch Nennung von Autor und Kurztitel die Nennung von
Autor und Erscheinungsjahr der zitierten Veröffentlichung eingebürgert.
Werden von einem Autor mehrere Veröffentlichungen desselben Jahres
zitiert, unterscheidet man diese durch einen zur Jahreszahl hinzugesetzten
Buchstaben. Voraussetzung ist natürlich die volle Nennung der Publikation
im Literaturverzeichnis. Dort wird dann die Jahreszahl aus dem Erscheinungsvermerk nach vorn hinter den Verfassernamen gerückt, wobei verschiedene graphische Anordnungen praktiziert werden: ohne trennendes
Zeichen hinter dem Verfassernamen, eingeschlossen in runde Klammern,
unter dem Verfassernamen wie dieser links ausgeworfen, zusammen mit
dem Verfassernamen auf eigener Zeile. Wir geben einige Beispiele:

Eisenberg, Peter 1976a: Zum Zusammenhang von Satz- und Wortsemantik.
  – In: Löwen und Sprachtiger. Akten des VIII. Linguist. Kolloquiums
  Löwen, 19.–22. Sept. 1973. Hrsg. von Rudolf Kern. Louvain: Peeters. S.
  153–166.

Eisenberg, Peter (1976 b): Die Bedeutung semantischer Theorien für die
  künstliche Intelligenz. – In: Studium Linguistik 2, S. 28–43.

Schütze, Fritz
1975   Sprache soziologisch gesehen. Bd 1. 2. – München: Fink.

Weydt, Harald 1980
  Streitsuche im Nibelungenlied: Die Kooperation der Feinde. Eine kon-
  versationsanalytische Studie. – In: Literatur und Konversation. Sprach-
  soziologie und Pragmatik in der Literaturwissenschaft. Hrsg. von Ernest
  W. B. Hess-Lüttich. Wiesbaden: Akad. Verlagsges. Athenaion.
  S. 95–114.

Im Text oder in den Fußnoten erscheinen diese Publikationen dann als
Eisenberg 1976a, meist aber mit eingeklammerter Jahreszahl: *Eisenberg
(1976b)*, wobei die genaue Fundstelle wieder unterschiedlich angegeben sein
kann: *Schütze (1975), Bd 1, S. 25* oder *Weydt (1980: 100)*.
  Das Verfahren wird ausführlich dargestellt und propagiert von Rüdiger
Pfeiffer-Rupp (Handbuch des sprachwissenschaftlichen Typoskripts.
Hamburg: Buske (1979). S. 172–277). Wir meinen, daß es für den Leser
nicht sonderlich hilfreich ist, und teilen nicht die von Pfeiffer-Rupp (S. 173)
geäußerte Erwartung, „daß sich bei den Benutzern der Fachliteratur nach
und nach ein chronologisches Wissen aufbaut, wann bestimmte Werke
erschienen sind", und es auf diese Weise möglich wird, „auch ohne

Konsultation der Bibliographie einer Arbeit die Vollform der Belegnachweise augenblicklich zu identifizieren". Der Leser wird vielmehr häufig seine Lektüre unterbrechen und im Literaturverzeichnis nachschlagen müssen, wobei die Unsitte, Sammelbände unter den Herausgeber zu stellen, dazu führen kann, daß er unter *Eisenberg 1976a* zwar den Titel des Aufsatzes, im übrigen aber nur eine Verweisung auf *Kern ed. 1976* findet und erst dort feststellt, daß er im Katalog der Bibliothek ›Löwen und Sprachtiger‹ wird suchen müssen. Stichworte aus Titeln sind in der Regel einprägsamer als Erscheinungsjahre, von dem Problem verschiedener Auflagen ganz zu schweigen. Wie Pfeiffer-Rupp selbst einräumt (vgl. S. 172 und S. 174), ist das Autor-Jahr-System am ehesten anwendbar, wenn es sich bei der zitierten Literatur um zeitgenössische Publikationen handelt. Für Arbeiten, die häufig ältere literarische Texte, teils nach Originalausgaben der Zeit, teils nach modernen Gesamtausgaben zitieren müssen, kommt das Verfahren kaum in Betracht.

Liegen die Erwähnungen weit auseinander, kann man dem Leser, wenn die Schrift nicht im Literaturverzeichnis genannt ist, das Auffinden der ersten Nennung durch eine Verweisung (z. B. *s. Anm. 5* oder *s. S. 27*) erleichtern. Die Hinweise *a.a.O.* oder *l.c. (loco citato)* sollten nur benutzt werden, wenn mehrere Stellenangaben aus demselben Werk unmittelbar aufeinanderfolgen, doch ist auch dann eine kurze Bezeichnung des Titels besser. Sie braucht z. B. nicht geändert zu werden, wenn durch Einschübe oder Umstellungen des Textes auch die Fußnoten in eine andere Folge kommen.

Sind der Name des Verfassers und der Titel einer Schrift (eines Aufsatzes) im Text schon eindeutig bezeichnet, brauchen sie in der Fußnote nicht wiederholt zu werden. Unter Umständen besteht die Fußnote bei der ersten Nennung einer Schrift also nur aus dem Erscheinungsvermerk und der Seitenzahl, bei einer späteren Nennung sogar nur aus der Seitenzahl. In beiden Fällen können die Angaben ebensogut eingeklammert im Text wie in den Fußnoten erscheinen. Von dieser Lizenz sollte man allerdings nur dann Gebrauch machen, wenn ein Literaturverzeichnis beigefügt wird. Ist dies nicht der Fall, muß der zurückblätternde Leser die vollständigen Titelangaben leicht in den Fußnoten finden können.

Der Vollständigkeit halber sei noch erwähnt, daß in den gedrängten Literaturangaben mancher Handbücher die Auflagenbezeichnung als hochgestellte Zahl (nach dem Sachtitel oder bei der Bandangabe oder vor dem Erscheinungsort oder vor dem Erscheinungsjahr) wiedergegeben wird, z. B. [4]1927. In normalen Monographien sind die Literaturangaben nicht so zahlreich und der Platz ist nicht so knapp, daß man dies nachahmen müßte. Der Leser sollte auch erfahren, ob die betreffende Auflage unverändert oder erweitert oder gar vollständig umgearbeitet ist. Auch die vor allem bei den Angelsachsen übliche Unterscheidung von Auflage (edition) und Neudruck (reprint) sollte deutlich werden (vgl. Beispiel 95).

Neben den geschilderten Formen der normalen und der gekürzten Titelangabe gibt es andererseits die Titelbeschreibung. Sie ist dann anzuwenden, wenn sich das Interesse nicht so sehr (literarhistorisch) auf den Inhalt der Schriften als vielmehr (buchgeschichtlich und damit die literarhistorische Betrachtung vorbereitend) auf die Druckwerke als solche richtet, wenn also etwa die Druckgeschichte eines Werkes oder aller Werke eines Autors untersucht oder auch wenn die Tätigkeit eines Druckers oder Verlegers dargestellt werden soll. Die Titelbeschreibung gibt den Titel in allen Einzelheiten bis hin zur Kennzeichnung der Zeilengrenzen auf dem Titelblatt wieder. Diese werden durch einen senkrechten Strich markiert (|). Da die meisten Schreibmaschinen dieses Zeichen nicht haben, kann man statt dessen auch den schrägen Strich nehmen, und zwar als Doppelstrich (//), weil er als einfacher Strich bereits zur Wiedergabe der Virgeln (Schrägstriche, die unserem heutigen Komma voraufgehen) verwendet wird. Selbstverständlich werden in solchen Beschreibungen auch Titelvignetten u. ä. erwähnt sowie Umfang, Beigaben und Format genau angegeben. Da die Technik der Titelbeschreibung aus Raumgründen hier nicht eingehend dargestellt werden kann, verweisen wir auf die folgenden Werke, die für die Beschreibung von Druckwerken der jeweiligen Epoche vorbildlich sind:

Wiegendrucke (Drucke vor 1500, auch Inkunabeln genannt):

Gesamtkatalog der Wiegendrucke. Hrsg. von der Kommission für den Gesamtkatalog der Wiegendrucke. (ab Bd. 8: Hrsg. von der Deutschen Staatsbibliothek zu Berlin). [Bisher:] Bd 1–8. (Bd. 1–7: 2. Aufl., durchges. Neudr. der 1. Aufl.) – Stuttgart: Hiersemann; New York: Kraus; (ab Bd 8 ferner:) Berlin: Akademie-Verl. 1968 ff.
(vgl. besonders die Einleitung in Bd 1, S. XI–XXI und Bd 8, S. *5 – *10.)

16. Jahrhundert:

Benzing, Josef: Ulrich von Hutten und seine Drucker. Eine Bibliographie der Schriften Huttens im 16. Jh. mit Beitr. von Heinrich Grimm. –

Wiesbaden: Harrassowitz 1956. (= Beitr. zum Buch- u. Bibliothekswesen. Bd 6.)

17. Jahrhundert:

Müller, Hans von: Bibliographie der Schriften Daniel Caspers von Lohenstein, 1652–1748. Zugleich als ein Beispiel für die buchgewerblich exakte Beschreibung von deutschen illustrierten Büchern des 17. Jahrhunderts aufgestellt. – In: Werden und Wirken. Ein Festgruß, Karl W. Hiersemann zugesandt. Leipzig: Koehler 1924. S. 184–261 (über die Grundsätze besonders S. 211–217).

18. und 19. Jahrhundert:

Mallon, Otto: Brentano-Bibliographie ⟨Clemens Brentano, 1778 bis 1842⟩. – Berlin: Fraenkel 1926.

und – die Wiedergabe stärker vereinfachend –

Hagen, Waltraud: Die Drucke von Goethes Werken. (Überarb. u. bedeutend erw. Neuaufl. von W. Hagen: Die Gesamt- und Einzeldrucke von Goethes Werken.) 2., durchges. Aufl. – Berlin: Akademie-Verlag 1983.

ANHANG

I. Verzeichnis der wichtigsten Abkürzungen
bibliographisch-technischer Ausdrücke

Die nachstehenden Abkürzungen sind überwiegend den »Preußischen Instruktionen« entnommen. Diese lassen den Punkt, der für gewöhnlich eine Abkürzung schließt, weg, wenn der letzte Buchstabe des abgekürzten Wortes erhalten bleibt (z. B. Bd, Lfg). Wir folgten dieser Regel; doch ist nichts dagegen einzuwenden, wenn jemand, dem allgemeinen Schreibgebrauch folgend, auch diese Abkürzungen mit einem Punkt versieht.

Abbildung(en)	Abb.	Buchdruckerei	Buchdr.
Abdruck	Abdr.	Buchhandlung	Buchh.
abgedruckt	abgedr.		
Abteilung	Abt.	collegit	coll.
Abtheilung	Abth.	correctus, corrigé	corr.
accedit	acc.	curavit	cur.
Afdeling	Afd.		
Aflevering	Afl.	dargestellt	dargest.
alphabetisch	alph.	Dissertation	Diss.
Anhang	Anh.	durchgesehen	durchges.
Anmerkung(en)	Anm.		
Année	Ann.	edidit, ediderunt,	ed.
annotavit	ann.	edited, editus	
Appendix	App.	Edition	Ed.
Auflage	Aufl.	Einleitung(en)	Einl.
augmenté	augm.	emendavit	em.
Aus dem Engli-	Aus d.	enthaltend	enth.
schen, Französi-	Engl.,	Ergänzungsheft	Erg.-H.
schen *usw.*	Franz. *usw.*	erklärend, erklärt	erkl.
Ausgabe	Ausg.	erläuternd, erläutert	erl.
ausgewählt	ausgew.	Erläuterung(en)	Erl.
autorisiert	autor.	erschienen	ersch.
		erweitert	erw.
Bändchen	Bdch.	ex recensione	ex rec.
Band	Bd		
Bearbeiter	Bearb.	Faksimile	Faks.
Bearbeitung		Fasciculus	Fasc.
bearbeitet	bearb.	Folge	F.
bedeutend	bed. verm.	[hingegen ‚für‘ u.	
vermehrt		‚folgende‘ Seite(n)	f. (ff.)]
begründet	begr.	fortgeführt	fortgef.
Beiheft	Beih.	fortgesetzt	fortges.
Beilage(n)	Beil.	Fortsetzer,	Forts.
Blatt, Blätter	Bl.	Fortsetzung	

88

gänzlich	gänzl.	Nachwort	Nachw.
umgearbeitet	umgearb.	Neue Folge	N. F.
gedruckt	gedr.	Neue Reihe	N. R.
gestochen	gest.	New series,	N. S.
Getrennte	Getr. Pag.	Nouvelle série	
Paginierung		Nouvelle édition	Nouv. éd.
gezählte Blätter	gez. Bl.	Number, Nummer	Nr
gezeichnet	gez.	Numero	No
Habilitations-	Habil.-	ohne Jahr	o. J.
schrift	Schr.	ohne Ort	o. O.
Handschrift(en)	Hs. (Hss.)	ohne Ort u. Jahr	o. O. u. J.
handschriftlich	hs.	Original	Orig.
Heft	H.		
Herausgeber	Hrsg.	pagina, page	p.
	[auch: Hg.]	Pars, Part, Partie	P.
herausgegeben	hrsg.	Plan	Pl.
	[auch: hg.]	Praefatio	Praef.
		Preface, Préface	Pref., Préf.
Jahrgang	Jg.	Pseudonym	Pseud.
Jahrhundert	Jh.	publié, published	publ.
Illustration,	Ill.		
Illustrator		recensuit	rec.
illustravit,	ill.	recognovit	recogn.
illustriert		Redakteur,	Red.
Imprimerie	Impr.	Redaktion	
Introduction	Introd.	redigiert	red.
		Register	Reg.
Karte(n)	Kt.	Reihe	R.
Kommentator,	Komm.	Reprint	Repr.
Kommentar		revidiert	rev.
Kommissionsverlag	X. Y. in		
von X. Y.	Komm.	Sammlung	Samml.
Kupferstich	Kupferst.	Seite(n)	S.
Kupfertitel	Kupfert.	[hingegen ‚siehe'	s.]
		Serie, Series	Ser.
Lieferung	Lfg	Spalte(n)	Sp.
		Stahlstich	Stahlst.
Maschinenschrift	Masch.-	Stereotyp-Auflage	Ster.Aufl.
	Schr. [oder	stereotypiert	ster.
	Masch.]	Supplement	Suppl.
Maschinenschrift	Masch.		
vervielfältigt	vervielf.	Tabelle(n)	Tab.
Manuskript(e)	Ms. (Mss.)	Tafel(n)	Taf.
Mitarbeit(er)	Mitarb.	Teil	T.
mitgeteilt	mitget.	Tomus, Tome,	T. oder
Mitwirkung	Mitw.	Tomo	Tom.

Traduction	Trad.	Verlag	Verl.
traduit	trad.	vermehrt	verm.
translated	transl.	veröffentlicht	veröff.
		versehen	vers.
Übersetzer	Übers.	vollständig	vollst.
Übersetzung		umgearbeitet	umgearb.
übersetzt	übers.	Volumen	Vol.
übertragen	übertr.	Vorrede, Vorredner	Vorr.
umgearbeitet	umgearb.	Vorwort	Vorw.
unter dem Titel	u. d. T.		
		wohlfeil	wohlf.
verbessert	verb.		
Verfasser	Verf.	Zeichnung	Zeichn.
verfaßt	verf.	zusammengestellt	zsgest.

II. Musterseiten

I. ÜBERSCHRIFT DES KAPITELS

1. Überschrift des ersten Abschnitts

Wir veranschaulichen auf zwei Musterseiten die Empfehlungen für die Gestaltung des Schriftbildes, die wir auf den Seiten 17 - 19 (Einfügung von Zitaten), 24 - 25 (Fußnoten) und 28 - 33 (Zeilenabstand, Randeinstellung, Überschriften und Abstände zwischen Abschnitten) gaben.

Die vorliegende Seite ist wie der Beginn eines Kapitels beschriftet. Die Überschrift steht 6 cm vom oberen Papierrand entfernt; sie ist zentriert und in Großbuchstaben geschrieben. Die Seitenzahl – sonst oben in der Mitte – steht unten auf der Seite, könnte aber auch fehlen. Der Zeilenhebel der Schreibmaschine ist auf anderthalbzeilige Beschriftung eingestellt. Nach der Kapitelüberschrift wird dreimal geschaltet (= 3 1/2 Leerzeilen). Wir nehmen an, daß das Kapitel unterteilt werden soll. Deshalb folgt in normalen Buchstaben die Überschrift des ersten Abschnitts. Danach wird zweimal geschaltet (= 2 Leerzeilen), und nun kann der Text beginnen.

Die erste Zeile ist um fünf Leeranschläge eingerückt. Auch die folgenden Absätze beginnen mit einer solchen Einrückung, jedoch ohne größeren Zeilenabstand.

Ein kürzeres Zitat (Prosatext bis zu vier Manuskriptzeilen oder eine einzelne Verszeile) wird durch doppelte Anführungszeichen vom übrigen Text getrennt, z. B.: "Catalogers are sometimes asked, and justly so, why the catalog cannot be more simple, but how can it be very simple when books are so complex [...]?"[1]

---

[1] Margaret Mann: Introduction to Cataloging and the Classification of Books. Chicago: Amer. Libr. Assoc. 1930. (Libr. Curriculum Stud.) p. 375.

- 5 -

Längere Zitate werden im ganzen eingerückt, engzeilig geschrieben (Zeilenhebel sofort entsprechend einstellen!) und vom übrigen Text durch eine volle Zeile Zwischenraum getrennt. Sie werden nicht in Anführungszeichen eingeschlossen. Prosazitate werden um fünf Leeranschläge eingerückt.

> Die Tatsachen lehren, daß auch der belesenste Laie über den allergrößten Teil der Druckfehler ohne weiteres hinwegliest, wenngleich das gelegentliche Entdecken eines Fehlers ihn leicht zu dem Irrtum verleitet, daß er ganz besonders begabt sei, alle Druckfehler aufzuspüren.(2)

Da die Fußnotenziffer hier nicht hochgestellt werden konnte, steht sie, in Klammern eingeschlossen, mit dem Text auf gleicher Zeile. - Wir zeigen den Beginn eines neuen Abschnitts.

2. Überschrift eines neuen Abschnitts

Vor der neuen Überschrift wurde wieder dreimal, nach ihr zweimal um anderthalb Zeilen weitergeschaltet. - Bei Verszitaten ab zwei Zeilen wird die Einrückung so bemessen, daß die Versfolge etwa in die Mitte der Zeile zu stehen kommt.

> Die Welt, sich wendend zur Akustik,
> Ist nicht mehr, heißt's, so leselustig, -
> Obgleich das Buch ich just drum preise,
> Daß es so innerlich und leise.(3)

Einrückungen des Originals, wie sie sich z. B. bei Odenstrophen und Distichen finden, werden beibehalten.

Literarische Zuverlässigkeit
> Allegiere der erste nur falsch, da schreiben ihm zwanzig
> Immer den Irrtum nach, ohne den Text zu besehn.(4)

---

2) Ernst L. Grieshaber: Wider die Druckfehler. Betrachtungen über das Korrekturlesen. Stuttgart: Poeschel 1961. (Werkstatt des Buches.) S. 16.

3) Eugen Roth: Der Schrift und Druckkunst Ehr und Macht von Eugen Roth in Reime bracht. [Berlin u. Frankfurt a. M.:] Linotype 1959. S. 69.

4) (Johann Wolfgang von) Goethe: Werke. (Hamburger Ausg.) (2. Aufl.) Bd 1. Hamburg: Wegner (1952). S. 231.

Sammlung Metzler

J. B. Metzler